Projektmanagement Essenz

Daniel Brönimann · Christoph Bommer

Projektmanagement Essenz

Kapieren statt Kopieren

Impressum

Bibliografische Information der Deutschen Nationalbibliothek:
Die Deutsche Nationalbibliothek verzeichnet diese Publikation in der
Deutschen Nationalbibliografie; detaillierte bibliografische Daten sind im
Internet über dnb.dnb.de abrufbar.

© 2020 Daniel Brönimann, Christoph Bommer

Herstellung und Verlag: BoD – Books on Demand, Norderstedt
Lektorat: BoD – Books on Demand, Norderstedt
Bild auf Cover: pixabay.com

ISBN: 978-3-75192-467-2

Danke!

Es gehört für uns zu den schönsten Dingen im Leben, die Zeit mit etwas zu verbringen, woran wir glauben, was uns begeistert und worauf wir stolz sind.

Dazu gehört die Arbeit an diesem Buch. Auf diesem Weg wurden wir unterstützt von Michel Vergères, der mit seinen klaren Analysen und Rückmeldungen in spannenden Diskussionen wesentlich zu dessen Qualität beigetragen hat. Genauso viel Qualität hat das Buch sprachlich gewonnen durch unseren Lektor von Books on Demand.

Nicht zuletzt ein großer Dank unseren Familien, die uns den notwendigen Freiraum zugestanden haben.

INHALT

Warum dieses Buch?

Gemäß der CHAOS-Studie der Standish Group liegen die Chancen, ein IT-Projekt erfolgreich abzuwickeln, bei niedrigen 30%. Daran hat sich in den letzten 20 Jahren leider nicht viel geändert, obschon man seit Jahrzenten vergeblich versucht, die erfolgreichen Fertigungsprozesse aus der Industrie in die Welt der Software-Erstellung zu transferieren. Software ist einmalig und lässt sich nicht maschinell erstellen, vielmehr ist sie zu einem wesentlichen Teil *Peopleware*. Der Mensch macht den Unterschied, nicht der Prozess. Dieser ist zwar ebenfalls zwingend notwendig, jedoch nicht ausreichend. Es genügt also nicht, eine etablierte Projektmanagementmethode zu kopieren, ohne die Essenz des eigenen Softwareprojektes verstanden zu haben. Deshalb gilt stets das Motto: *Kapieren statt Kopieren.*

Daher geht es uns in diesem Buch nicht darum, eine weitere Projektmanagementmethode zu beschreiben. Von diesen gibt es unzählige. Die meisten sind sinnvoll und unter bestimmten Voraussetzungen erfolgreich. Unser Anliegen ist es, dich bei der für dein Projekt richtigen Wahl des Prozesses und der Methoden zu unterstützen.

Leider stützt man sich viel zu oft auf eine Projektmanagementmethode, die gerade angesagt ist und die man unbedingt anwenden muss, um mitreden zu können. Dies führt zu der absurden Situation, dass man, ohne die genauen Hintergründe zu kennen, deren Methoden und Checklisten anwendet.

Hier gilt aber: Checklisten gehören unter Verschluss! – Im Ernst!

Was ist so schlecht an Checklisten, dass man sie verbannen muss? Sie sind Sammlungen von wichtigen oder sogar essenziellen Aspekten, zusammengetragen von intelligenten und fachkundigen Personen. Sie stellen sicher, dass Erfahrungen aus der Vergangenheit einfließen und nichts vergessen wird. Was also soll daran so falsch sein? Nichts, außer man wendet sie unreflektiert an. Bequem, wie wir alle sind, besteht nämlich die Gefahr, dass das Verstehen und Denken ausgeschaltet wird und nur noch das sture Abarbeiten der vielen Punkte auf der Checkliste im Vordergrund steht.

Jeder Checklistenpunkt macht in einem gewissen Maße Sinn. Arbeiten wir diese der Reihe nach ab, setzen wir wahrscheinlich mehr um, als notwendig wäre. Doch ohne zuerst die Bedürfnisse des eigenen Projekts erkannt zu haben, kann nicht beurteilt werden, welche der Punkte auf einer Checkliste relevant sind und welche nicht. Eventuell fehlen sogar wesentliche Aspekte, die nur auf dein Projekt zutreffen.

Genauso verhält es sich im Projektmanagement. Wenn man die Essenz im Projektmanagement verstanden hat, lässt sich leichter beurteilen, was im konkreten Projekt hilfreich sein wird. Bevor also irgendein Prozess oder eine Methode kopiert wird, sollte man verstehen, um was es im eigenen Projekt wirklich geht. So hat man bessere Chancen, mit minimalen Mitteln die expliziten Anforderungen und impliziten Erwartungen der Stakeholder zu erfüllen.

Da jedes Projekt von Natur aus einem individuellen Charakter aufweist, gibt es folglich nicht *die* eine Projektmanagementmethode, die genau auf dein Projekt passt und alle deine Probleme lösen würde. Daher ist es umso wichtiger, die angewendeten Methoden zu verstehen. Beispielsweise spielt es keine große Rolle, in welchem Dokumentenmanagementtool man seine Dokumente verwaltet. Es spielt aber eine Rolle, ob man sie versioniert verwaltet oder einfach nur lokal herumliegen hat. In diesem Sinne wollen wir hier nicht Werkzeuge empfehlen oder gar vergleichen, sondern auf wesentliche Tugenden hinweisen, die für den Projekterfolg wichtig sind.

Mit diesem Buch wollen wir die Essenz im Projektmanagement hervorheben, nämlich die Elemente, die man nicht weglassen sollte. Es geht also um die Erkenntnis, warum etwas gemacht werden soll, oder anders formuliert, es geht um *kapieren statt kopieren*.

Das Buch ist bewusst kompakt gehalten und soll Tipps zu den wesentlichen Projektmanagementbereichen geben, die, zweckmäßig angewendet, den Projekterfolg positiv beeinflussen werden. Es richtet sich eher an Leserinnen und Leser, die bereits etwas Erfahrung im Projektmanagementumfeld gesammelt haben, um so das Ganze besser verstehen und einordnen zu können. Zudem haben wir dieses Buch bewusst in der Du-Form geschrieben, weil es dich hoffentlich so direkter anspricht und motiviert, das eine oder andere hier Gesagte und Empfohlene im eigenen Projekt anzuwenden – darauf kommt es schlussendlich an.

Wir sind überzeugt, dass dieses Buch hilfreiche, kompakte und kurzweilige Tipps mit einigen Aha-Effekten rund ums Projektmanagement bietet.

Projektmanagement auf einen Blick

REDUCE TO THE MAX!

Das richtige Vorgehensmodell

Gibt es das überhaupt? Der Definition nach ist ein Projekt endlich und einzigartig. Basierend auf dieser Einzigartigkeit, kann folglich kein vorgefertigtes Vorgehensmodell deinem Projekt umfassend gerecht werden. Trotzdem sind in den letzten Jahrzehnten viele Vorgehensmodelle entstanden, die genau das von sich behaupten. Diese erstrecken sich von einfachen agilen Managementmethoden (z. B. Scrum) bis zu umfassenden Prozessmodellen, welche durch behördliche und normative Vorgaben geprägt sind (z. B. PRINCE2). Es ist also nicht unsere Absicht, hier einen weiteren heilsbringenden Prozess vorzustellen. Vielmehr haben wir uns Gedanken darüber gemacht, was allen Softwareprojekten gemeinsam ist. Was ist das absolute Minimum, die Essenz, die allen Softwareprojekten gerecht wird?

Man kommt am Denken nicht vorbei!

Es ist in keiner Weise unsere Absicht, die etablierten Vorgehensmodelle zu kritisieren oder kleinzureden. Alle haben ihre Daseinsberechtigung, sofern man sie richtig einsetzt. Doch unsere Erfahrungen haben gezeigt, dass ein blind übernommenes Vorgehensmodell selten eine echte Unterstützung bietet. Auch noch so viele Vorgaben, Templates, Quality-Gates oder Checklisten garantieren keinen Projekterfolg. Häufig lenken diese lediglich von der eigentlichen Problemstellung ab. Man kümmert sich zu sehr um Prozessthemen, welche unter Umständen viel Zeit in Anspruch nehmen, während die Lösung der eigentlichen Problemstellung keinen Schritt vorankommt.

Mit anderen Worten: Wer blind und unreflektiert ein bestehendes Vorgehensmodell übernimmt, ohne daran die für sein eigenes Projekt notwendigen Anpassungen vorzunehmen, hat das Projektmanagement nicht vollumfänglich verstanden. Doch welche Anpassungen braucht nun das Vorgehensmodell für mein Projekt? Um diese Frage beantworten zu können, muss man zuerst sein Projekt in all seiner Komplexität erfassen. Dies nimmt dir kein Vorgehensmodell ab. Man kommt somit am Denken nicht vorbei!

Was haben alle Projekte gemeinsam?

Unser Ansatz beruht auf der Überzeugung, dass alle Softwareprojekte eine gemeinsame Basis haben. Dies bedeutet, dass es eine Anzahl von Gemeinsamkeiten gibt, die in allen Projekten vorkommt. Die alleinige Erfüllung dieser minimalen Gemeinsamkeit garantiert zwar längst nicht den Projekterfolg, ist aber eine zwingende Notwendigkeit und kann folglich nicht vernachlässigt werden. Aus unserer Sicht haben alle Softwareprojekte mindestens Folgendes gemeinsam:

- Jedes Projekt hat einen Anfang. Das bedeutet, Bei jedem Projekt gibt es einen Zeitpunkt, an dem sich der Projektleiter und sein Team sowie das Projektumfeld zu einer klar definierten Aufgabestellung bekennen, also ein Commitment abgeben (Projektstart).
- Um den Zeitpunkt dieses Commitments zu erreichen, müssen in jedem Projekt gewisse planerische Arbeiten vorhergehen (Vorbereitungsphase).
- In jedem Projekt gibt es einen bestimmten Zeitpunkt, an dem dem jemand die Projektresultate abnimmt und das Projektteam von seiner Pflicht entlässt (Projektabschluss).
- Für jedes Projekt wird irgendwo abschließend umschrieben, WAS erreicht werden soll (Anforderungen) und WIE dies umgesetzt werden soll (Architektur), auch dann, wenn die Anforderungen häppchenweise respektive sprintweise vorgegeben werden.
- Jedes Projekt hat einen eigenen Qualitätsanspruch und möchte diesen über die gesamte Projektlaufzeit sicherstellen.
- Um der Reproduzierbarkeit und Nachvollziehbarkeit gerecht zu werden, braucht jedes Projekt eine minimale Anzahl an in schriftlicher Form festgehaltenen Informationen (Dokumentationen).
- Jedes Projekt benötigt Ressourcen. Der Faktor Mensch ist entscheidend für den Projekterfolg.
- In jedem Projekt muss darüber Klarheit herrschen, wer welche Aufgaben, Verantwortung und Kompetenzen hat. Diese werden häufig über Rollen definiert.

Projektmanagement auf einen Blick

Wie kommt man nun am besten zum Vorgehensmodell für das eigene Projekt? Man könnte hingehen und ein etabliertes Vorgehensmodell so zurechtschneidern (Top-down-Ansatz), bis es für das eigene Projekt passt. Ja, das ist möglich, birgt aber die Gefahr, dass man zu viel mitnimmt, weil man unsicher ist, ob man es evtl. doch noch brauchen könnte. Dies ist genau dann der Fall, wenn man sich zuvor nicht die Zeit genommen hat, das eigene Projekt umfassend zu verstehen. Zudem lässt sich aus den etablierten Vorgehensmodellen die eigentliche Essenz des Projektmanagements nicht so einfach erkennen, da häufig die jeweiligen Besonderheiten des Vorgehensmodell in den Vordergrund gerückt werden.

Eine andere Möglichkeit wäre der Bottom-up-Ansatz. Geht man davon aus, das allen Softwareprojekten, wie oben beschrieben, eine minimale Anzahl von Gemeinsamkeiten aufweisen (Phasen, Rollen, Artefakte), wird die Essenz des eigenen Projekts deutlich erkennbar. In der nachfolgenden Abbildung 1 haben wir versucht, das darzustellen. Die projektspezifischen Eigenheiten können respektive müssen noch ergänzt werden. Ja, dies erfordert etwas Erfahrung und mag im ersten Moment abschrecken, doch der Top-down-Ansatz erfordert mindestens so viel Erfahrung und Arbeit – glaube uns.

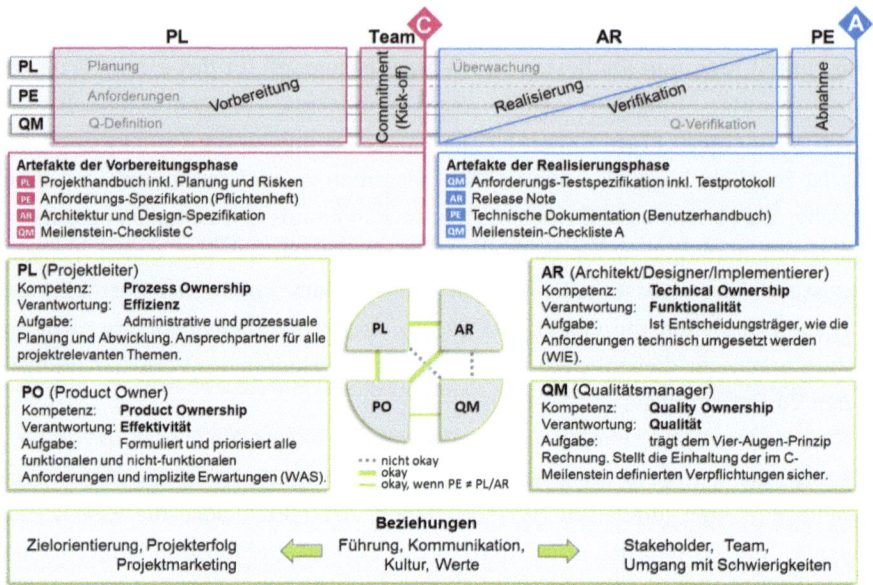

Abbildung 1: *Projektmanagement auf einen Blick*

Projekte erfolgreich ins Ziel führen

Als Projektleiter kannst du dich also an diesem minimalen Vorgehensmodell orientieren und es um deine Projektspezifika erweitern. Das Vorgehensmodell gibt dir dabei eine Leitlinie für die Umsetzung deines Projektes. Um als Projektleiter aber erfolgreich zu sein, genügt das noch nicht ganz, denn genauso wichtig wie der methodische Teil sind die zwischenmenschlichen Aufgaben im Zusammenhang mit dem Team, den Stakeholdern, der Qualitätskultur oder dem Projektmarketing. Auch diese Themen tragen zum Projekterfolg wesentlich bei und beinhalten Essenzen.

Hast du die aus dem Grundvorgehensmodell und den zwischenmenschlichen Aufgaben hervorgehenden notwendigen Essenzen verstanden, bist du für deine kommenden Projekte sehr gut gerüstet. Trotzdem bleibt noch eine letzte Essenz, die du aber selbst mitbringen musst: *Aktiv sein!* Als Projektleiter gehst du vorneweg und trägst die Fahne deines Projektes. Du musst stets dranbleiben, aktiv sein, vorwärtsschieben, Lösungen suchen und weitermachen!

Alle diese Kernaufgaben werden in den folgenden Kapiteln einzeln besprochen und deren Essenz aufgezeigt. Dabei soll dir ein stilisiertes Bild der obigen Projektmanagementübersicht (siehe Abb. 1) beim Lesen eine

 Orientierung bieten. Die in den Kapitelfarben jeweils farbig markierten Felder geben dir einen Hinweis, welchem Bereich wir das jeweilige Thema zuordnen.

Vorbereitung und Start

Planung

IST KEIN PLAN BESSER ALS EIN VERALTETER PLAN?

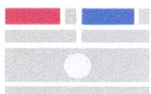

In der Projektmanagement-Literatur werden verschiedene Projektpläne beschrieben, die für den Erfolg eines Projektes hilfreich sind. Beispiele für Projektpläne sind:

Plan	Ziel/Nutzen
Projektstrukturplan (PSP)	Strukturierte Sammlung aller Aktivitäten
Meilensteinplan	Überblick über Zwischenziele und/oder Synchronisationspunkte
Terminplan	Wer macht was in welcher Zeit?
Balkenplan (Gantt-Chart)	Visualisierung der Ablaufstruktur des Projekts

Viele dieser Pläne sind im agilen Umfeld nicht mehr im gleichen Maße aussagekräftig. Hinzu kommt die häufig zitierte Aussage, dass ein Plan in dem Moment veraltet ist, wenn man ihn speichert. Macht eine Planung überhaupt Sinn, wenn man davon ausgeht, dass sich die Anforderungen im Laufe des Projektes ständig ändern? Reicht es nicht aus, wenn man Sprint für Sprint das Projekt neu beurteilt? Die Antwort dazu ist kurz: „Der Plan ist nichts, die Planung ist alles!" (Dwight D. Eisenhower)

Lerne durch Planung

Es geht in erster Linie nicht um einen Plan, der nach der Erstellung akribisch abgearbeitet werden soll, sondern vielmehr um den Lerneffekt, der aus der Tätigkeit des Planens hervorgeht. Planen hilft, das Projekt in allen Dimensionen besser zu erfassen und zu verstehen. Die Projektabwicklung erfolgt dann häufig auf Basis von Intuition, basierend auf dem Wissen aus der Planung. Aber auch der Plan an sich hat seinen Nutzen, z. B.

- zum Erkennen von Auswirkungen bei Projektstörungen.
- als Basis für die (Projekt-)Kommunikation.
- zur Plausibilisierung des Projekterfolgs (siehe Kap. Projektsteuerung).
- zur Visualisierung eines einheitlichen Projektbildes.

Den ersten Punkt möchten wir besonders herausstreichen. Nur wer einen Plan hat, kann auf dessen Basis die Auswirkungen einschätzen, welche durch Veränderungen verursacht werden. Hat man keinen Plan, sind die Zusammenhänge und deren Auswirkungen schlecht bis gar nicht erkennbar.

Beginne mit dem Ende!

Für die Planung braucht es zwei wesentliche Vorbedingungen: Gewissheit bezüglich des Ziels und der Ausgangslage.

Ziel
Der Plan beschreibt den Weg, wie man ein bestimmtes Ziel erreichen kann. Das bedeutet, man muss sich im Klaren darüber sein, wohin man will und warum man dorthin will. Mache dir daher zuerst Gedanken über dein Ziel. Erstelle danach einen Plan, der den Weg beschreibt, wie du dieses Ziel erreichen kannst. Dabei helfen Fragen wie:

- Wie sieht der Projekterfolg aus?
- Kenne ich die Abnahmekriterien?

Ausgangslage
Bevor man sich jedoch auf den Weg in Richtung Ziel machen kann, muss man herausfinden, wo man im Moment steht, und zwar in hinsichtlich aller Aspekte des Projektmanagements, d. h. bezüglich der Anforderungen, des aktuellen

Fertigstellungsgrades, der verfügbaren Ressourcen, der verbleibenden Zeit, der eingesetzten Technologie, des vorhandenen Know-hows, des zugewiesenen Budgets, der angestrebten Qualität usw. (siehe Kap. Projektsteuerung).

Erst wenn die Ausgangslage und das Ziel bekannt sind, kann ein realistischer Plan erstellt werden, der aufzeigen soll, wie man glaubt das Ziel erreichen zu können. Übrigens gilt dies zu jedem Zeitpunkt des Projektes, denn die Ausgangslage wird sich ständig ändern und in den meisten Fällen auch das Ziel. Die Planung ist also ein ständiger Prozess und kann nicht auf den Projektstart beschränkt bleiben.

Verändere die Sichtweise auf das Projekt

Es besteht häufig die Gefahr, dass man sich zu lange bei der Detailplanung aufhält und dabei wesentliche Zusammenhänge oder sich abzeichnende Probleme nicht erkennt. Deshalb ist es im Planungsprozess hilfreich, die Sichtweise und die Betrachtungstiefe auf das eigene Projekt immer wieder zu verändern. Versuche einerseits, dein Projekt aus der Sicht der verschiedenen Stakeholder zu betrachten. Verändere andererseits immer wieder die Betrachtungstiefe deines Projektes, wechsle also zwischen Grob- und Detail-planung hin und her. Dabei müssen die Erkenntnisse je Sichtweise und Betrach-tungstiefe immer wieder in die Gesamtplanung einfließen.

Sei gedanklich immer einen Schritt voraus

Auch wenn das Tagesgeschäft dazu neigt, die volle Aufmerksamkeit des Projektleiters auf sich zu ziehen, sollte sein Hauptfokus immer auf der Zukunft, sprich den kommenden Projektphasen liegen. Denke dazu in verschieden Szenarien: Was wird respektive könnte auf mein Projekt zukommen? Es geht darum, die wichtigen Aktivitäten der nächsten Phase rechtzeitig zu erkennen und vorzubereiten, d. h. die dafür notwendigen Voraussetzungen zu schaffen. Denn ein verlorener Tag während der Anfangsphase des Projektes ist genauso schmerzhaft wie ebensolche Tage ganz am Schluss – nur spürt man deren Auswirkung (noch) nicht.

Wie du siehst, ist Planen kein einmaliger Vorgang, sondern ein kontinuierlicher Prozess. Ein Plan hilft dir, zeitgerecht die richtigen Entscheidungen zu treffen und deren Auswirkungen zu erkennen. Der größte Vorteil eines Planes ist jedoch der mit seiner Erstellung verbundene Denkprozess. So gesehen, ist ein veralteter Plan besser als kein Plan!

Essenz

- Verzichte nicht auf den Lerneffekt, den durch eine umfassende Planung erzeugen kann, denn der Plan ist nichts, die *Planung* ist alles!
- Führe das Projekt intuitiv, basierend auf dem Wissen der Planung.
- Stelle laufend sicher, dass du immer weißt, wo du im Projekt stehst (Ausgangspunkt) und welche aktuellen Ziele zu erreichen sind.
- Verändere regelmäßig deine Sichtweise und Betrachtungstiefe auf das Projekt und sei in der Planung immer einen Schritt voraus.

Meilensteine

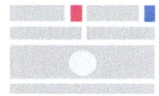

In der Regel können wir ein neues Unterfangen nicht von Beginn an vollständig erfassen. Also versuchen wir, den Weg zum Ziel in Etappen zu unterteilen. Damit schaffen wir nicht nur Teilerfolge, welche der Motivation dienlich sind, sondern wir geben uns auch die Gelegenheit, alle Beteiligten zu synchronisieren und den weiteren Weg auf Grundlage der gewonnenen Erkenntnisse neu zu beurteilen.

Welche und wie viele Meilensteine sind den nun sinnvoll? Da definitionsgemäß jedes Projekt einzigartig ist, sind auch die Gründe für einen Meilenstein unterschiedlich und lassen sich nur bedingt auf andere Projekte übertragen. Wir sind jedoch der Meinung, dass alle Projekte zumindest zwei Meilensteine gemeinsam haben: den Start und das Ende.

Wann startet ein Projekt?

In den meisten Fällen beginnt ein Projekt mit einer Idee, die sich unter der Dusche, in einem Meeting oder sonst wo zum ersten Mal bemerkbar macht. Danach gibt es diverse Gespräche, in welchen die Idee konkretisiert und ihre Machbarkeit geklärt wird. Dieser Prozess kann sich allerdings lange hinziehen. Daher bleibt die Frage: Bei welchem Reifegrad einer Idee startet nun das Projekt?

In jedem Projekt, unabhängig von seiner Art, müssen folgende vier Rahmenbedingungen geklärt sein:

- Anforderungen und deren Qualität: Was genau ist der Umfang des Projektes? (Funktionale und nichtfunktionale Anforderungen werden zum Projektstart definiert.)
- Termin und Art der Realisierung: Bis wann müssen die oben genannten Anforderungen umgesetzt sein?
- Finanzierung und Budget: Welches Budget steht zur Verfügung?
- Organisation, Ressourcen und Infrastruktur: Wer leitet das Projekt und welche Mitarbeiter stehen mit welcher Infrastruktur dem Projekt zur Verfügung?

Aus unserer Sicht ist es für das Gelingen eines Projektes entscheidend, dass diese vier Rahmenbedingungen zum Projektstart abschließend definiert werden. Es geht hier um weit mehr als nur eine formelle Pflicht. Dies ist auch der Zeitpunkt für eine Verpflichtungserklärung (Commitment) aller Stakeholder, insbesondere jedoch des Projektleiters und von dessen Team, das Projekt innerhalb der vorgegebenen Rahmenbedingungen zum Erfolg zu führen.

Man kann jedoch nur ein Commitment erwarten, wenn die vier Rahmenbedingungen in sich abgestimmt und realistisch sind. Somit ist der Zeitpunkt des Projektstarts untrennbar mit einem ernst gemeinten Commitment *aller* relevanten Rollen verbunden. Nennen wir diesen Meilenstein also C wie *Commitment*.

Wann ist ein Projekt zu Ende?

Mit der Abgabe des Commitments verpflichtet sich der Projektleiter, im Sinne des Projektes zu handeln. Es ist somit nur fair, wenn dieser Auftrag auch wieder ein klares Ende findet. Ist dieser Zeitpunkt nicht klar definiert, zieht sich ein Projekt endlos in die Länge, es blockiert wertvolle Ressourcen und verschlingt unnötig viel Geld.

Um der Entstehung dieses Problems entgegenzuwirken, müssen die Abnahmebedingungen und die entsprechende Qualität des Projektes von Beginn an klar festgehalten werden:

- Wer nimmt die Projektresultate (funktionale und nicht funktionale Anforderungen) ab?
- Werden die vereinbarten Qualitätszielen eingehalten?
- Welche Beurteilungskriterien werden für die genannten Punkte herangezogen?

Je deutlicher die Abnahmebedingungen formuliert sind, desto einfacher wird es, das gesamte Projektteam darauf auszurichten. Damit steigen auch die Erfolgschancen des Projektes. Mit der Abnahme und der damit verbundenen Anerkennung werden der Projektleiter und das Projektteam dauerhaft von ihrer Verpflichtung (Commitment) entlastet. Nennen wir diesen Meilenstein also A wie *Abnahme* (siehe Kap. Projektabschluss).

Was passiert dazwischen?

Selbstverständlich gibt es noch weitere sinnvolle Meilensteine, die helfen können, ein Projekt erfolgreich zu strukturieren. Dies hängt jedoch stark von der Art des Projektes ab. Da die Meilensteine immer den Sinn und Zweck des Sich-Synchronisierens haben, nennen wir solche Zwischenmeilensteine S wie *Synchronisation* (z. B. S1, S2 etc.).

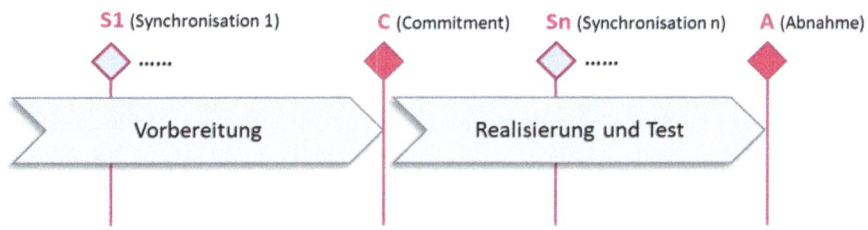

Abbildung 2: *Minimale Anzahl der Meilensteine im Projekt*

Tipp

Selbst wenn es in deinem Projekt außer den beiden Meilensteinen *Commitment* und *Abnahme* keine weiteren inhaltlich sinnvollen Meilensteine gibt, kann es trotzdem hilfreich sein, zusätzliche Meilensteine einzusetzen – beispielsweise, wenn ein Projekt eine sehr lange Laufzeit hat. Es besteht ansonsten die Gefahr, dass der Projektfokus unmerklich davondriftet. Eine regelmäßige Synchronisation aller Beteiligten hilft, Abweichungen vom Plan frühzeitig zu erkennen.

Was ist wichtig beim Erreichen eines Meilensteins?

Ein Meilenstein ist ein Etappenziel, entsprechend wird hier geprüft, ob man die vorher festgelegten Ergebnisse erreicht hat (Exit-Kriterien) und ob die für die folgende Phase notwendigen Voraussetzungen erfüllt sind (Entry-Kriterien). Ein Meilenstein bedeutet also immer einen Blick zurück und einen Blick nach vorn. Die Beurteilung der Erreichung dieser beiden Kriterien soll zusammen mit allen relevanten Rollen geschehen. Dabei soll jeder Rolleninhaber bzgl. seines Aufgabengebietes (z. B. Architekt, Qualitätseigentümer etc.) bestätigen, dass alles Notwendige erreicht wurde (siehe Kap. Rollen). Wichtig ist die *ehrliche*

Beurteilung des Erreichten und des noch zu Erledigenden. Dies ist eine Kulturfrage!

Wir erwähnen dies, weil allzu oft Meilensteine trotz unvollkommener Ergebnisse als erreicht taxiert werden, um mögliche Schwierigkeiten zu verbergen. Damit wird der Sinn und Zweck eines Meilensteins natürlich ad absurdum geführt.

Zurück zur Anfangsfrage, ob Meilensteine ein notwendiges Übel sind. Die Antwort lautet: Ja, sie sind notwendig, und: Nein, sie sind kein Übel, sondern eine wichtige Hilfestellung, um dein Projekt zu strukturieren. Es gilt: Weniger (Meilensteine) ist mehr. Das bewusste Leben und Hochhalten der Wichtigkeit einer Meilensteinerklärung ist der wesentliche Schlüssel und erzeugt im Vorfeld einen positiven Druck auf das Projektteam, das nächste Etappenziel möglichst vollständig und in guter Qualität zu erreichen.

Essenz

- Nutze die Meilensteine, um dir bewusst zu machen, ob die gesteckten Etappenziele wirklich erreicht wurden und die Voraussetzungen für die nächsten Schritte gegeben sind.
- Die ehrliche Beurteilung, ob ein Meilenstein tatsächlich erreicht wurde, ist auch eine Projektkulturfrage, die eine Signalwirkung ins ganze Team hat.
- Meilensteine geben einen grundlegenden Überblick zum aktuellen Projektstand und helfen dir, deinem Team und den restlichen Stakeholdern, euch zu synchronisieren und alle auf den gleichen Wissensstand zu bringen.

Ressourcenmanagement

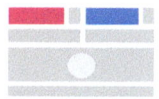

Wann benötige ich wie viele Mitarbeiter, um das Projekt termingerecht fertigzustellen? Kann ich mein Projekt mit zusätzlichen Mitarbeitern beschleunigen und was heißt das? Solche und ähnliche Fragen stellen sich dem Projektleiter zu Projektbeginn und gehören zum Ressourcenmanagement. Dieses umfasst grundsätzlich die Planung und den Einsatz von Finanzen, Material und Personal in einem Projekt. Da das Personal in Softwareprojekten jedoch den größten Kostenblock bildet, kommt diesem eine besondere Bedeutung zu.

Für ein erfolgreiches Projekt sind aus Ressourcensicht vor allem zwei Fragen entscheidend: Haben wir die *richtigen* Leute und haben wir *genug* Leute? In diesem Kapitel gehen wir auf die Frage nach *genug* Leuten ein. Die Frage nach den *richtigen* Leuten vertiefen wir im Kapitel Team.

Wie viel sind genug?

Das Ressourcenmanagement beginnt bereits in der Planungsphase. Hier stellen wir einen Ressourcenplan auf, in dem wir aussagen, wann wir wie viele Mitarbeiter während des Projektes benötigen werden. Als Basis dazu dienen uns der Terminplan und die im Voraus abgeschätzten Arbeitspakete. Diese legen wir geeignet in den Terminplan und erhalten so unser Manngebirge. War doch einfach, und wo liegt nun das Problem?

Die Schwierigkeit liegt in der Gestaltung der Ressourcen-Hüllkurve. Dabei stellt sich die Frage, ob man zuerst klein beginnen und nach und nach das Team erweitern oder ob man gleich mit voller Stärke starten soll – und kann.

Bevor wir der Beantwortung dieser Frage genauer nachgehen, eine generelle Bemerkung: Die Ressourcen-Hüllkurve eines Softwareentwicklungsprojektes lässt sich nur in einem gewissen Rahmen sinnvoll gestalten und kann nicht beliebig geformt sein.

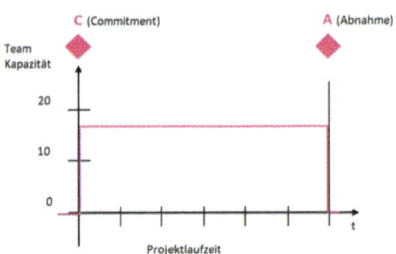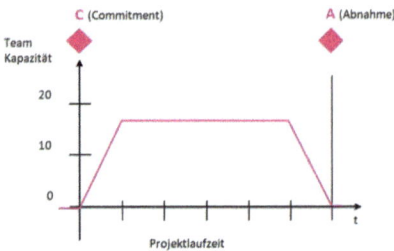

Abbildung 3: *Beispiele für Ressourcen-Hüllkurven*

Am einfachsten lässt sich dies an einem extremen Beispiel erläutern: Würde man die Hüllkurve rechteckig gestalten, wären vom ersten Tag an alle Mitarbeiter im Projekt am Start, sie würden die ganze Projektlaufzeit über dabeibleiben und am letzten Tag geschlossen aufhören (siehe Abb. 3, links). Vielleicht wäre dies sogar ein idealer Verlauf. Aus Sicht eines „optimalen Ressourceneinsatzes" (von Kosten und Mitarbeitern) ist dies aber kaum machbar. Es wäre z. B. schwierig, alle Mitarbeiter ab dem ersten Tag gewinnbringend im Projekt einzusetzen.

Vielmehr gilt es, einen ausgewogenen Start zu finden, eine mittlere Phase mit maximaler Stärke und ein bewusstes Auslaufen und Beenden des Projektes. Die Hüllkurve sollte also „optisch" plausibel sein. Gut ist eine Art Trapezform (siehe Abb. 3, rechts), schwierig sind hingegen die Sägezahn-Form oder andere große Schwankungen. Zu berücksichtigen ist dabei, dass das Verändern der Kurve automatisch bedeutet, Mitarbeiter ins Projekt aufzunehmen und zu integrieren oder diese eben aus dem Projekt zu entlassen, inklusive ihres gewonnenen Projektwissens. Beides führt zu einer gewissen Trägheit und beeinflusst die Gestaltung der Hüllkurve und die Produktivität des Teams.

Schauen wir uns nun die drei Phasen Start, Mittelteil und Projektabschluss der Hüllkurve genauer an.

Projektstart

Grundsätzlich ist es das Ziel, einen raschen Projektstart und Mitarbeiteraufbau zu erreichen, denn je früher neue Mitarbeiter im Team sind, desto länger hat das Projekt den Nutzen davon. Damit hier keine unnötigen Fehlleistungskosten durch schlecht ausgelastete Mitarbeiter entstehen, müssen zuerst

Vorbereitungen getroffen werden. Dazu gehören u. a. die Softwarearchitektur, eine funktionierende Entwicklungsumgebung oder ein Proof of Concept. Sobald diese erreicht sind, kann man mit dem weiteren Aufbau loslegen, ganz nach dem Motto: Jeder verlorene Tag zu Beginn des Projektes ist genauso schmerzhaft wie ein solcher ganz zum Schluss.

Mittelteil

Der Mittelteil des Projektes ist dadurch geprägt, dass ein eingespieltes Team möglichst produktiv mit der Umsetzung der Arbeitspakete beschäftigt ist. Alle wissen, was zu tun ist, und leisten ihren Beitrag. Will man erst in dieser Phase das Team massiv erweitern, hat das klare Konsequenzen für den Endtermin, wie wir später noch sehen werden.

Eine Gefahr in dieser Phase besteht darin, dass das Projekt nach außen sichtbar gut unterwegs ist und Manager sich dazu verleiten lassen, deine Ressourcen für „Projekte in Not" abzuziehen. Sende in solch einem Fall als Projektleiter klare Signale, zeige die Konsequenzen für dein Projekt auf und halte dies schriftlich fest. Spätestens beim Projektabschluss kann dir dies helfen!

Projektabschluss

Der Projektabschluss ist eine wichtige Phase und kann sich unterschiedlich gestalten, je nachdem, ob das Projekt in Not ist oder nicht. Ein ungenügend organisiertes Ende verursacht sofort Mehrkosten und kann den Projekterfolg zunichtemachen. Daher gilt es, die Arbeiten mit Kraft abzuschließen (siehe Kap. Projektsteuerung) und die Projektmitarbeiter bewusst aus dem Projekt zu entlassen, um die Finanzen im Griff zu behalten. Dabei musst du der Versuchung widerstehen, zu glauben, dass nur der bisherige Projektmitarbeiter seine ihm übertragene Aufgabe bewältigen kann. Stattdessen gilt es, einzelne Kollegen aus dem Projekt zu entlassen und deren Aufgaben auf die verbliebenen Mitarbeiter zu verteilen. Das funktioniert besser, als man denkt, ist aber mit Aufwand verbunden. Scheue dich nicht, es zu tun!

Mehr ist zuerst weniger

Der Ressourcenverlauf ist geplant und wir starten ins Projekt. Im Verlauf des Projektes werden plötzlich weitere Ressourcen benötigt und es stellt sich die

Frage, was das bedeutet? Schauen wir dazu an, was geschieht, wenn wir neue Mitarbeiter ins Projektteam aufnehmen.

Kommt ein neuer Mitarbeiter ins Projekt, gilt es diesen gut einzuführen, damit er rasch produktiv ist und seinen Projektbeitrag leisten kann. Dies führt zu folgendem Effekt (siehe Abb. 4): Zu Beginn ist der Projektbeitrag des neuen Mitarbeiters noch gering, er nimmt erst im Laufe der Einführung zu, bis der Mitarbeiter zum Schluss seiner Einarbeitung seine volle Leistung entfaltet. Bei einem ihm beiseitegestellten erfahrenen Mitarbeiter sieht das etwas anders aus. Auf Grund seiner Betreuungsaufgabe sinkt anfänglich seine bisherige Leistung, sie kehrt aber mit fortschreitender Einführung und abnehmendem Betreuungs- aufwand vollständig zurück, bis beide Mitarbeiter jeweils wieder ihre volle Leistung erbringen. Dazwischen liegt der Break-even-Punkt. Vor diesem Punkt beträgt die Summe der Leistungen der beiden Mitarbeiter weniger als ohne den neuen, zusätzlichen Mitarbeiter. Erst wenn dieser Punkt überwunden ist, beginnt sich die zusätzliche Leistung durch den neuen Mitarbeiter bemerkbar zu machen.

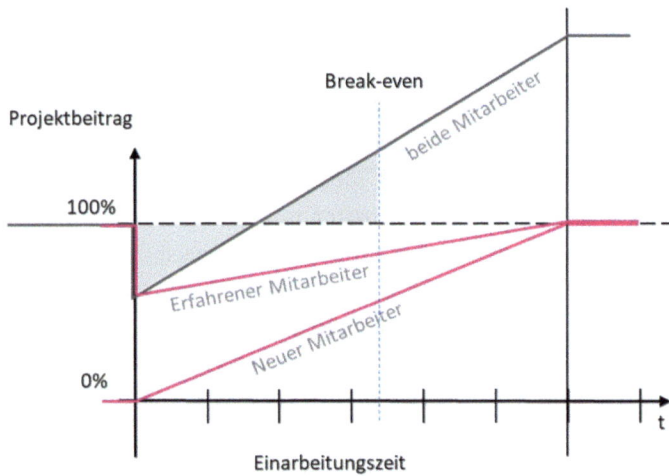

Abbildung 4: *Aufwand für Mitarbeitereinführung*

Was heißt das nun für dein Projekt? Der oben beschriebene Effekt beinhaltet mehrere Erkenntnisse. Da mit dem Mitarbeiteraufbau zeitweise eine

Leistungseinbuße einhergeht, lohnt es sich, diesen Aufbau frühzeitig und vorausschauend anzugehen, oder, wie schon Frederick P. Brooks gesagt hat: „Adding human ressources to a late software project makes it later!" [Bro95]

Des Weiteren macht sich dieser Effekt sehr viel stärker bemerkbar, wenn man im Verhältnis zu der bestehenden Teammitgliederanzahl sehr viele neue Mitarbeiter ins Projekt holt. Dann sind nämlich fast alle gleichzeitig damit beschäftigt, einen oder mehrere neue Mitarbeiter einzuführen. Das Projekt kommt dann vorübergehend fast zum Stillstand.

Man kann also ein Softwareprojekt durch zusätzliche Ressourcen nicht beschleunigen. Das einzige Mittel, ein Projekt in der Endphase trotzdem ein wenig stärker voranzutreiben, ist sicherzustellen, dass alle Mitarbeiter nur noch eine Aufgabe haben, nämlich das Projekt. Genügt das nicht, hilft nur noch die Möglichkeit von Überstunden.

Berücksichtige in deiner Termin- und Kostenplanung diese Effekte und kommuniziere sie aktiv nach außen, um die Erwartungshaltung bewusst zu steuern. Denn zu verlockend und verbreitet ist im Management der Gedanke, dass mit zusätzlichen Ressourcen alles viel rascher vorangeht. Unabhängig davon gilt im Ressourcenmanagement: Besser früh als spät!

Essenz

- Fahre Projekte rasch hoch, um so einen langen Nutzen der maximalen Produktivität des gesamten Projektteams zu haben.
- Für den Mitarbeiteraufbau während des Projekts gilt: Lieber früher als später!
- Ein laufendes Projekt kann durch zusätzliche Ressourcennutzung nicht beschleunigt werden, das Einzige, was hilft, sind Fokus und Überstunden.
- Kümmere dich in der Abschlussphase besonders um den Ressourceneinsatz in deinem Projekt, denn hier steht rasch der gesamte Projekterfolg auf dem Spiel.

Risiken
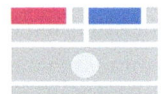

WELCHEN WERT HABEN RISIKEN?

Ein Projekt ist definitionsgemäß einzigartig und in seiner Laufzeit beschränkt. Aufgrund dieser Einzigartigkeit ist klar, dass zu Beginn nicht alle Projektaspekte erkannt werden können, weil es dafür noch keine Erfahrung geben kann. Mit anderen Worten birgt ein Projekt immer Risiken und damit potenzielle Schwierigkeiten. Es wäre töricht, diese Schwierigkeiten nicht in die Planung miteinzubeziehen. Dazu braucht jedes Projekt einen Handlungsspielraum, um den auftretenden Schwierigkeiten begegnen zu können. Dieser Handlungsspielraum erfordert eine Projektreserve, deren Bereitstellung das Risikomanagement ermöglicht.

Risikenerfassung

Damit die oben beschriebenen Projektreserven in das Projektbudget einfließen können, müssen bereits in der Planungsphase mögliche Risiken erfasst und bewertet werden. Das dafür nötige Vorgehen wird in der Literatur häufig in den nachfolgenden vier Prozessschritten zusammengefasst:

- Erfassung: Systematische Erfassung in einem „Risikoworkshop" mit Fachkräften.
- Bewertung: Ermittlung der Schadenhöhe und der Eintrittswahrscheinlichkeit.
- Entgegnung: Planen von Maßnahmen zur Minimierung der Risiken.
- Überprüfung: Regelmäßige Überprüfung der Vollständigkeit und der Aktualität sowie eine Bewertung.

Diese Prozessschritte sind richtig und wichtig, doch seien wir ehrlich: Wer kann die Eintrittswahrscheinlichkeit eines potenziellen Risikos schon voraussagen? Während die Ermittlung der Schadenhöhe noch mehr oder weniger seriös abschätzbar ist, kann die Festlegung der Risikoeintrittswahrscheinlichkeit lediglich auf einer Annahme beruhen, weil es dafür in den meisten Fällen noch keine Erfahrungen gibt. So wie sich beispielsweise die Veränderung des Wechselkurses nicht vorhersagen lässt, so kann man auch nicht den Verlust einer Schlüsselressource aufgrund Krankheit, Unfall oder Kündigung vorausbestimmen. Jeder dafür eingesetzte Prozentwert ist entsprechend unseriös (vgl. [Doe14]).

Ist also die systematische Erfassung der Risiken überhaupt sinnvoll? Wäre es nicht effizienter, z. B. einfach 10% des Projektvolumens als Risiko auszuweisen?

Wir sind der festen Überzeugung, dass ein seriöses Risikomanagement trotz allem sehr sinnvoll ist, und zwar aus zwei Gründen: erstens aufgrund der Transparenz und zweitens aufgrund des damit verbundenen Denkprozesses.

Transparenz

Einen undefinierten Risikozuschlag wird das Management respektive der Auftraggeber kaum gutheißen. Dagegen ist eine detaillierte Auflistung möglicher Risiken transparent und nachvollziehbar. Allenfalls gibt es unterschiedliche Einschätzungen betreffend die Eintrittswahrscheinlichkeit oder die Schadenhöhe einzelner Risiken, doch grundsätzlich stößt ein nachvollziehbares Risikomanagement auf Akzeptanz.

Ebenfalls aus Transparenzgründen sollten die Projektrisiken zentral verwaltet werden. Es gilt zu vermeiden, dass jeder Entwickler versteckte Reserven in seiner Aufwandsabschätzung einplant. Dadurch würde das Projekt nicht nur sehr viel teurer werden, sondern man würde auch die Chance verpassen, als Organisation bei Schätzungen zu lernen. Dies ist nur dann möglich, wenn die echten Schätzungen nachträglich mit den effektiven Kosten verglichen werden können. Dieser Lernaspekt folgt der Frage, warum wir diese Komponente über- respektive unterschätzt haben. Sind in den Abschätzungen versteckte Risiken enthalten, ist ein Vergleich unbrauchbar und damit auch kein Lerneffekt möglich.

Denkprozess

Das Risikomanagement ist weit mehr als nur das Managen von Risiken. Wie bereits im Kapitel Planung beschrieben, ist es eminent wichtig, das Projekt und damit die eigentliche Aufgabenstellung mit all ihren Abhängigkeiten und Einschränkungen, aber auch äußeren Einflüssen möglichst abschließend erfassen zu können. Sich darüber Gedanken zu machen, welche Aspekte und Kräfte den Projekterfolg einschränken oder sogar verhindern könnten, hilft, die

Aufgabenstellung und damit das Projekt in seiner Ganzheit zu verstehen. Es zeigt dir auf, in welches Umfeld dein Projekt eingebettet ist, und hilft dir bei deinen täglichen Entscheidungsfindungen. Denke also immer einen Schritt voraus und frage dich ständig, was dein Projekt in Gefahr bringen kann!

Risikominimierung

Das alleinige Vorhandensein von Projektreserven reicht nicht aus, um die Projektrisiken zu minimieren. Dazu sind, wie oben beschrieben, konkrete Maßnahmen zu definieren, die das Eintreffen der erkannten Risiken verhindern oder minimieren. Diese Maßnahmen müssen bereits in die Projektplanung einfließen, damit die dafür notwendigen Mittel und Ressourcen reserviert und eingeplant werden können.

Damit hört jedoch die Risikominimierung nicht auf. So wie die Risiken müssen auch deren Entgegnungen regelmäßig überprüft werden. Dies kann unter Umständen zu einer Anpassung der Planung führen. Ist ein Projekt, z. B. aufgrund einer hohen Komplexität, mit besonders vielen Risiken belegt, empfehlen wir, als Risikominimierung ein Vorgehensmodell auszuwählen, das ein schnelles Lernen erlaubt. Schnelles Lernen, auch häufig mit „Fail-Fast" umschrieben, erreicht man insbesondere durch kurze Feedback-Schleifen, wie sie in agilen Vorgehensmodellen vorgesehen sind. In diesen Vorgehensmodellen steuert man stark den Inhalt – dieser ist bewusst variabel gehalten und hilft so, die Risiken zu minimieren.

Risiken, deren Eintrittswahrscheinlichkeit mit nahezu 100% eingeschätzt wird, sind keine Risiken mehr, sondern stellen ein reelles Problem dar. Reelle Probleme sind konkret und planbar. Dazu ist keine Minimierung notwendig, sondern konkrete Umsetzungsmaßnahmen. Solche Risiken gehören daher nicht in die Risikoliste.

Risikomanagement entspricht letztlich dem Umgang mit Schwierigkeiten. Schwierigkeiten sind schwer einschätzbar und folglich nicht exakt vorhersehbar. Der eigentliche Wert des Risikomanagements liegt im Denkprozess und in der Erreichung von Projektreserven. Aber all dies nützt nur etwas, wenn man bei auftretenden Schwierigkeiten rasch und bestimmt aktiv wird und so seine Handlungsfähigkeit im Projekt aufrechterhält.

Essenz

- Die Erfassung und Beurteilung von Risiken sind mit viel Unschärfe behaftet – und trotzdem sollst du sie durchführen.
- Der Denkprozess beim Risikomanagement hilft dir, dein Projekt umfassend zu verstehen.
- Ein transparentes Riskmanagement verschafft dir eine akzeptierte Projektreserve und stellt damit deine Handlungsfähigkeit im Projekt sicher.
- Risiken und deren Entgegnung müssen laufend überprüft werden. Sei aktiv und gedanklich immer einen Schritt voraus (agieren statt reagieren).
- Es besteht ein direkter Zusammenhang zwischen Projekterfolg und dem Umgang mit auftretenden Schwierigkeiten. Das Risikomanagement ist eine wichtige Methode für den Umgang mit Schwierigkeiten im Projekt, daher ist Projektmanagement im Kern Risikomanagement!

Projektstart

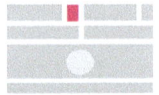

Die Frage „Wann beginnt ein Projekt?" lässt sich nicht immer klar beantworten. Beginnt das Projekt bei der ersten Idee unter der Dusche oder erst dann, wenn die ersten ernsthaften Probleme beim Management angekommen sind? Wie immer liegt die Wahrheit wohl irgendwo dazwischen. Aber ist das wirklich so wichtig? Ein guter Projektabschluss ist doch das Einzige, was zählt, oder?

Wir sind der Meinung, dass ein guter Projektstart wesentlich zum Projekterfolg beiträgt. So, wie ein Projekt startet, so endet es auch. Dies bedeutet, es gibt eine gute Chance, ein Projekt erfolgreich zu beenden, nämlich dann, wenn dem Ende bereits beim Projektstart Rechnung getragen wird. Führe deshalb den Projektstart bewusst herbei.

Was braucht es für einen Projektstart?

Jedes Projekt, unabhängig der Größe oder der Domäne, benötigt Klarheit über folgende Projektparameter:

- Anforderungen: Klarheit über die expliziten Anforderungen und impliziten Erwartungen (Qualitätsvorgaben).
- Grobarchitektur: eine grobe technische Lösungsidee (Technologie).
- Ressourcen: Zusicherung der personellen, finanziellen und infrastrukturellen Mittel.
- Zeitplan: Gewissheit über den Zeitraum, in dem das Projekt erledigt werden soll.
- Risiken: Sei dir der Risiken bewusst und kommuniziere diese (siehe Kapitel Risiken).

Diese Informationen müssen *gleichzeitig* in ausreichender Qualität zur Verfügung stehen. Wenn nur einer der obigen Projektparameter fehlt, kann dein Projekt sehr schnell in Schieflage geraten:

- Fehlen beispielsweise klare Anforderungen, wird sich das Projekt in die falsche Richtung bewegen und das Projektziel wird nie erreicht werden. Fehlen Qualitätsvorgaben, ist die Chance sehr groß, dass implizite Kundenerwartungen nicht erfüllt werden (siehe Kapitel Softwarequalität).

Die Unzufriedenheit des Kunden wird dann zu leidigen Diskussionen darüber führen, ob ein unerwartetes Systemverhalten nun einen Fehler darstellt (Sicht des Kunden) oder es sich um eine zusätzliche Anforderung handelt (Sicht des Herstellers).

- Fehlt eine grobe technische Lösungsidee, kann der Projektumfang nicht abgeschätzt werden, denn Anforderungen müssen immer einer Technologie respektive einer Grobarchitektur gegenübergestellt werden, damit eine realistische Aussage über den erwarteten Aufwand gemacht werden kann.

- Fehlen die notwendigen personellen Mittel oder hast du die falschen Mitarbeiter an Bord, kann das Projekt nie Fahrt aufnehmen und die Meilensteine können nicht eingehalten werden. Ähnlich verhält es sich, wenn die finanziellen Mittel nicht geklärt sind. Dem Projekt droht dann ein vorzeitiger Abbruch oder noch schlimmer: ein unbestimmter Projektstopp. Im letzteren Fall sind nicht nur die Termine nicht mehr haltbar, sondern in den meisten Fällen auch die zugesagten Ressourcen weg.

- Fehlt ein eindeutiger Zeitplan, verliert das Projekt die notwendige Aufmerksamkeit und Priorität. Andere Projekte erheben Anspruch auf dieselben Ressourcen und werden Recht erhalten.

Du tust also gut daran, die obigen Aspekte in der Vorbereitungsphase (Machbarkeitsphase) abschließend zu klären.

Haben wir nun alles für den definierten Projektstart beisammen? Wir sind der Meinung, dass hier noch ein ganz wesentlicher Aspekt fehlt, und dieser ist weder technischer noch organisatorischer, sondern emotionaler Art: das Commitment aller Projektbeteiligten (Stakeholder).

Projektstart in agilen Projekten

Gelten die obigen Startbedingungen auch für agile Projekte?

Wir glauben schon, wohl wissend, dass bei agilen Projekten nicht alle Anforderungen von Beginn an bekannt sind respektive sein können. In diesem Fall beschränkt man sich auf das, was zu dem jeweiligen Zeitpunkt bekannt ist. Das Wesentliche ist, dass sich das Projektteam für das Vorhaben committen kann.

Auch agile Projekte werden in den meisten Fällen nicht als Selbstzweck gestartet, sondern folgen einem klaren Projektziel, das innerhalb einer bestimmten Zeit und in einem vorgegebenen Budgetrahmen erreicht werden muss (siehe Kapitel Projektsteuerung). Auch wenn die Software-Architektur zum Projektstart noch nicht vollständig bekannt ist, hat man in der Regel eine Vorstellung über die einzusetzende Technologie.

Die Aspekte der Ressourcenbereitstellung unterscheiden sich bei agilen Projekten kaum von herkömmlichen Projekttypen. Einzig die Zufriedenstellung der impliziten Erwartungen sind durch das iterative Vorgehen einfacher zu erkennen und zu implementieren. Die Definition und Einhaltung eines gemeinsamen Qualitätsanspruches bleibt aber bei allen Projekttypen derselbe.

Projekt-Kick-off – die Wirkung nach innen

Unsere Erfahrungen zeigen, dass Projekte, bei denen eine hohe Projektidentifikation aller Beteiligten vorhanden ist, nicht nur einen stärkeren Teamspirit entstehen lassen, sondern auch eine höhere Produktivität. Es ist also ratsam, die Voraussetzungen dafür zu schaffen, dass eine hohe Projektidentifikation entstehen kann. Ein wichtiges Mittel dafür ist der Projekt-Kick-off.

Das Ziel eines Projekt-Kick-offs ist:

- allen Projektbeteiligten klarzumachen, um was es im Projekt geht, wobei der Fokus insbesondere auf dem Resultat, also dem Projektziel liegen sollte.

Dabei wird der Wert des Projektes vermittelt (lohnendes Ziel). Das Projektziel sollte für alle realistisch und sinnvoll sein.

- Werte und Regeln festzulegen, wie man zusammenarbeiten möchte und wie das Projekt abgewickelt werden soll (Basis für Projektkultur).

- Transparenz zu schaffen. Die bis dato erkannten Projektrisiken müssen allen bekannt sein.

- Eine Plattform zu schaffen, über die sich die Projektbeteiligten gegenseitig kennenlernen können, aber auch die Möglichkeit erhalten, ihre persönlichen Ansichten zum Projekt einzubringen.

- einen Startpunkt für die Teambildung darzustellen.

- das Commitment aller Beteiligten für das Projekt einzuholen. Dies kommt einem Versprechen gleich, das zu der Verpflichtung führt, sich persönlich für die gemeinsame Sache zu engagieren. Erreicht man dieses Ziel, hat man einen wesentlichen Aspekt für den Projekterfolg geschaffen.

Mit dem Projekt-Kick-off legst du also die Basis für eine Projektkultur und den Startpunkt für die so wichtige Teambildung. Die Hauptrolle bei der Organisation und Durchführung des Projekt-Kick-offs fällt dem Projektleiter zu. Es muss dir also gelingen, die Stakeholder für dein Projekt zu begeistern!

Projektmarketing – die Wirkung nach außen

Um die Projektidentifikation zu erhöhen, ist es ratsam, dem Projekt ein Gesicht zu geben. Dazu braucht es ein angemessenes Projektmarketing, um das Projekt nicht nur für die unmittelbaren Stakeholder, sondern für das gesamte Projektumfeld sichtbar zu machen. Verwende z. B. einen kurzen und einprägsamen Projektnamen und kreiere ein einfaches Projektlogo. Setze dieses diskret auf jedes Projektdokument und an die Tür deines Projektraums.

Es erfordert vom Projektleiter ein gewisses Geschick und Erfahrung, um eine wirksames Projektmarketing aufzubauen und zu transportieren. Hier gilt es, Maß zu halten, denn so wirksam ein gutes Projektmarketing ist, so schnell kann auch das Gegenteil eintreten, wenn man es damit übertreibt. Wir raten nur so viel Aufmerksamkeit im Management zu generieren, so dass das Projekt die notwendige Priorität erhält. Aber nie so viel, dass im Management das Gefühl entsteht, dem Projekt „helfen" zu müssen.

Sind die obigen Startbedingungen klar definiert und konnten die Projektbeteiligten mit Hilfe des Kick-offs und des Projektmarketings für das Projekt motiviert werden, wird es sich bei deinem Projekt nicht um eines von vielen in deiner Organisation handeln, sondern um das Projekt, dessen Wichtigkeit und Mehrwert verstanden wird und für das man sich gerne persönlich engagieren möchte. So gesehen, ist der Projektstart in aller Interesse. Also sorge dafür, dass dein Projekt mit einem gelungenen Projektstart für alle sichtbar wird.

Essenz

- Nimm dir in der Planungsphase ausreichend Zeit für die Definition der Projektparameter (Anforderungen, Qualitätsvorgaben, Technologie, Ressourcen und Zeitplan).
- Lass dir vor dem Projektstart vom Auftraggeber die Projektparameter bestätigen (Review).
- Sorge dafür, dass du die besten Ressourcen für dein Projekt gewinnst.
- Organisiere ein Projekt-Kick-off und schaffe eine hohe Projektidentifikation.
- Gib dem Projekt ein Gesicht und betreibe ein angemessenes Projektmarketing.
- So, wie ein Projekt startet, so endet es auch.

Realisierung und Abschluss

Projektsteuerung
WO STEHT MEIN PROJEKT WIRKLICH?

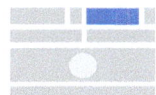

Jeder Projektleiter ist ständig mit der einen Frage konfrontiert: Wo stehe ich in meinem Projekt? So einfach diese Frage ist, in den meisten Fällen lässt sie sich nicht verbindlich beantworten. Eine Projektplanung basiert auf Erfahrungen, Abschätzungen, Annahmen und nicht selten auch auf Hoffnungen. Folglich unterliegt auch der daraus errechnete Liefertermin einer entsprechenden Unschärfe. Dies wird jedoch vom Projektumfeld nicht akzeptiert. Also bleibt dem Projektleiter nichts anderes übrig, als das Projekt so zu steuern, dass das geforderte Projektziel rechtzeitig erreicht werden kann.

Ein Projekt steuern heißt, zeitgerecht die richtigen Maßnahmen einzuleiten. Doch die Voraussetzung dafür ist, wie in Kapitel Planung beschrieben wird, das Wissen darum, wo man im Moment steht und wohin man gelangen muss.

Wie erhalte ich nun ein realistisches Bild davon, wo ich tatsächlich im Projekt stehe? Was habe ich tatsächlich erreicht? Bin ich in der Projektabwicklung der Planung voraus oder hinke ich hinterher?

Es wäre zu einfach, wenn man dazu lediglich den prozentualen Anteil der abgelaufenen Projektdauer oder der aufgelaufenen Projektkosten als Basis verwenden würde. Hilfreich ist nur die Gegenüberstellung des tatsächlichen Fertigstellungsgrades und der dafür eingesetzten Finanzmittel, also der Wert der fertiggestellten Arbeit.

Fertig oder fertig fertig?

Während die Ermittlung der eingesetzten Finanzmittel relativ einfach ist, wird es bei Aussagen über den Fertigstellungsgrad deutlich komplizierter. Wann ist denn ein geplanter Task fertig? Und haben alle Projektmitarbeiter dieselben Vorstellungen davon, wann etwas fertig ist?

Wahrscheinlich kennst du selbst Aussagen wie: „Ja, das habe ich erledigt. Es sollte nur noch jemand die Dokumentation anpassen und die fehlenden Integrationstests durchführen ..." Es ist also von Vorteil, wenn man zu Projektbeginn klar festlegt, was die Definition von fertig ist, den fertig fertig ist erst etwas, wenn man sich darum im laufenden Projekt nicht mehr kümmern muss, es also aus Planungssicht vollständig abgeschlossen ist und der Projektleiter dafür keine Mittel mehr einplanen muss.

Fertigstellungswert

Um eine realistische Einschätzung des tatsächlichen Projektstands zu erhalten, empfehlen wir die Analyse des Fertigstellungswertes (Earned Value Analysis). Dies gibt dir zu jedem Zeitpunkt des Projektes einen Anhaltspunkt, mit welcher zeitlichen und finanziellen Abweichen (positiven oder negativen) zu rechnen ist. Voraussetzung dafür sind folgenden drei Angaben:

- Fertigstellungsgrad (Betrachtungsbasis, IST)
- Basisplan (Referenz, SOLL)
- Restaufwand (Abweichung zu fertig fertig)

Spiegelt man in der Grafik in der nachfolgenden Abbildung 5 den aktuellen Fertigstellungsgrad sowohl senkrecht als auch waagrecht auf den Basisplan, kann an der x-Achse die Terminabweichung abgelesen werden und an der y-Achse die inhaltliche Abweichung.

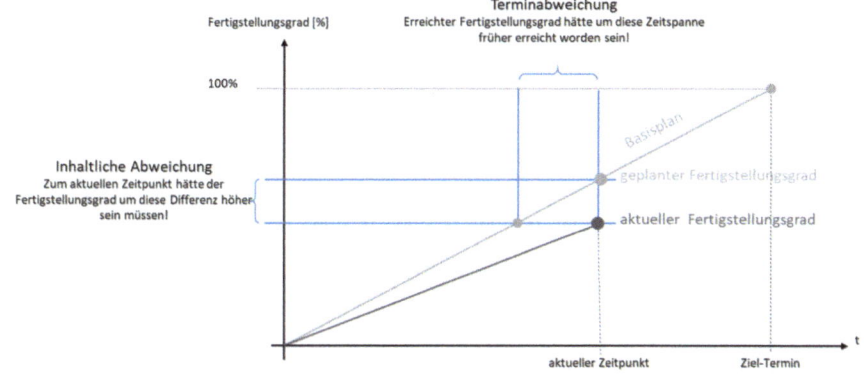

Abbildung 5: *Fertigstellungswertmethode (Earned Value Analysis)*

Mit der Analyse des Fertigstellungswertes erhalte ich also eine Vorstellung davon, welche Abweichung der Projektfortschritt gemessen am Basisplan derzeit hat. Was bedeutet das nun für den Projektabschluss?

Plausibilisierung

Um in die Zukunft reichende belastbare Aussagen machen zu können, muss man zuerst wissen, was das Team zu leisten fähig ist. In der agilen Softwareentwicklung spricht man hierbei von der Velocity: Wie viel Arbeit kann innerhalb einer bestimmten Zeit, im Sinne von fertig fertig, durch das Projektteam geleistet werden? Voraussetzung dafür ist, dass die Arbeit respektive alle geplanten Arbeitspakete im Vorhinein mittels einer Aufwandsab-schätzung quantifiziert werden. Wir empfehlen, dafür nicht Stunden oder Tage zu wählen, sondern eine zeitunabhängige Größe (Planning Poker). Dies kann eine simple Punktzahl sein, welche sich an einer allen bekannten und klar definierten Referenzaufgabe orientiert. Dieser Referenzaufgabe ordnet man zum Beispiel den Wert 10 zu. Jedes weitere Arbeitspaket wird dann relativ zur Referenzaufgabe abgeschätzt und erhält je nach Abschätzung einen entsprechend größeren respektive kleineren Wert. Die Summe aller abgeschätzten Punkte entspricht dann dem zu realisierenden Projektvolumen. Unterteilt man die Projektlaufzeit in kurze, gleich lange Phasen oder Sprints, wird ersichtlich, wie viele Punkte innerhalb eines Zeitfensters umgesetzt werden. Dies entspricht dann der Teamproduktivität (Velocity).

Geht man davon aus, dass sich die Teamzusammensetzung und die Art der Arbeiten im Projekt nicht mehr wesentlich ändert, wird sich die Teamproduktivität nach einer anfänglichen Findungsphase auf einem bestimmten Wert stabilisieren. Dieser Zeitpunkt ist frühestens nach einem Drittel der Projektlaufzeit zu erwarten. Dies erlaubt, die Teamperformance in die Zukunft zu extrapolieren, um eine Vorstellung davon zu erhalten, ob das gewünschte Projektziel realistisch erreicht werden kann.

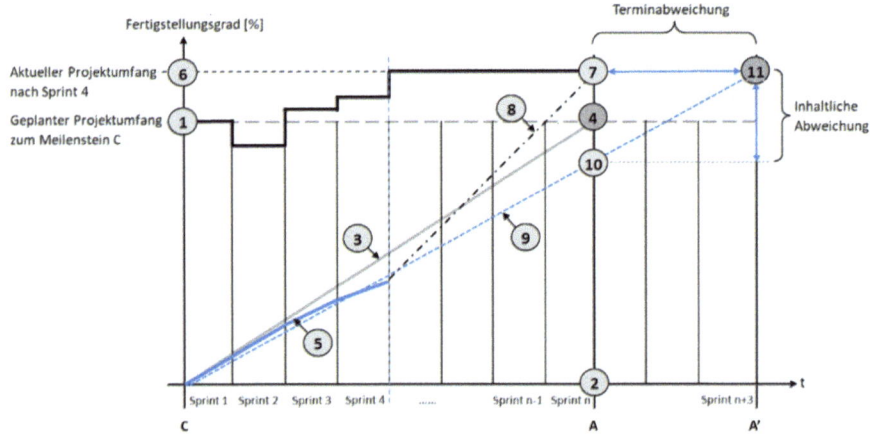

Abbildung 6: *Projekt-Plausibilisierung (Beispiel)*

In Abbildung 6 ist der Projektumfang (Backlog) dargestellt, zu dessen Erfüllung sich das Projektteam zum Zeitpunkt C verpflichtet hat (1). Außerdem ist der Zeitpunkt (A) dargestellt, der angibt, wann der Projektumfang abgeleistet sein soll (2). Der Basisplan (3) beschreibt den Weg, wie man das Ziel (4) erreichen möchte. Der tatsächliche Projektverlauf (5) zeigt jedoch, dass die Vorgaben im Basisplan nicht eingehalten werden können. Folglich liegt die Kurve des tatsächlichen Fertigstellungsgrades unter der des Basisplans. Gleichzeitig hat sich das Projektvolumen, durch neue Erkenntnisse oder zusätzliche Funktionalitäten, verändert (6). Der neue Zielpunkt liegt nun deutlich höher (7). Um dieses neue Ziel zum Zeitpunkt A immer noch erreichen zu können, müsste die Teamproduktivität deutlich gesteigert werden (8), was häufig unrealistisch ist (siehe Kapitel Ressourcenmanagement). Ohne weitere Maßnahmen würde sich die Teamperformance mehr oder weniger linear weiterentwickeln (9) und den gewünschten Funktionsumfang zum Zeitpunkt A nicht erreichen (10) bzw. erst zu einem späteren Zeitpunkt A' (11).

Zeigt sich dem Projektleiter ein solches Bild, hat er in einer relativ frühen Phase des Projekts die Möglichkeit, geeignete Maßnahmen einzuleiten, die noch die Chance haben, innerhalb des Projektes Wirkung zu zeigen. Zu spät eingeleitete Maßnahmen können ihre Wirkungen nicht mehr rechtzeitig entfalten und bremsen das Projekt zusätzlich (vgl. [Bro95]). Beginne also sehr früh damit, die Teamproduktivität zu messen.

Wie du siehst, ist die Ermittlung des tatsächlichen Fertigstellungsgrad essenziell, um eine belastbare Vorstellung davon zu erhalten, wo man im Projekt wirklich steht und welche daraus folgenden Maßnahmen für die Zielerreichung eingeleitet werden müssen. Dabei spielt es keine Rolle, wie der Projektstatus grafisch dargestellt wird, sei es als *Burn-down-Chart*, wie bei agilen Methoden üblich, oder als *Burn-up-Chart*, wie bei der Ertragswertanalyse gebräuchlich. Letztlich geht es immer um einen SOLL-IST-Vergleich und damit um eine grobe Plausibilisierung mittels relativer Schätzung.

Essenz

- Lege dir geeignete Planungsinstrumente zu, die dir helfen, den Überblick im Projekt zu behalten und den Projektfortschritt zu plausibilisieren. Eine grafische Darstellung ist sehr zu empfehlen, denn Bilder sagen bekanntlich mehr als tausend Worte.
- Sei dir in jedem Moment bewusst, welchen tatsächlichen Fertigstellungsgrad das Projekt hat, denn nur so kannst du erkennen, wo dein Projekt wirklich steht.
- Ein Projekt steuern heißt, zeitgerecht die richtigen Maßnahmen einzuleiten. Beginne also früh damit, die Zielerreichung zu plausibilisieren, und mache die Abweichungen durch einen SOLL-IST Vergleich sichtbar.
- Definiere klar, wann etwas fertig fertig ist.

Softwarequalität

Geht es um die Entwicklung einer neuen Software, stehen vor allem Termine und Kosten im Vordergrund – eine hohe Softwarequalität wird stillschweigend vorausgesetzt. Spätestens gegen Ende des Projektes wird man dann doch noch mit der Qualität konfrontiert – meist deshalb, weil Kundenanforderungen nicht vollständig erfüllt wurden.

Was ist Softwarequalität?

Die Grundvoraussetzung, um „qualitativ" arbeiten zu können, ist ein einheitliches Verständnis davon respektive eine klare Definition dessen, was Qualität ist.

Die Norm ISO9126 zeigt, dass die Kundenanforderungen und -erwartungen sehr vielseitig sind (siehe den folgenden Kasten). Für ein erfolgreiches Projekt ist es notwendig, beides zu verstehen. Wie im Kapitel Meilensteine bereits erwähnt, gilt es zum Projektstart die Anforderungen zu kennen. Damit gemeint sind die expliziten Kundenanforderungen. Diese sind meist gegeben oder der Weg dahin ist bekannt.

Schwieriger wird es mit den impliziten Kundenerwartungen, die nicht formuliert worden sind, aber als selbstverständlich angenommen werden. Selbst der Kunde kennt diese zu Projektbeginn oft nur vage oder sie sind ihm explizit nicht bewusst und tauchen erst später während des Projektverlaufs auf. Dabei hilft es zu verstehen, wie der Kunde sein Geld verdient, ihm besonders gut hinzuhören und aktiv nachzufragen, um zu ermitteln, was dem Kunden am Schluss wirklich wichtig ist. Meist sind dies nur ganz wenige Punkte.

Zusammengefasst verstehen wir unter Qualität *die Erfüllung der expliziten Kundenanforderungen UND der impliziten Kundenerwartungen!*

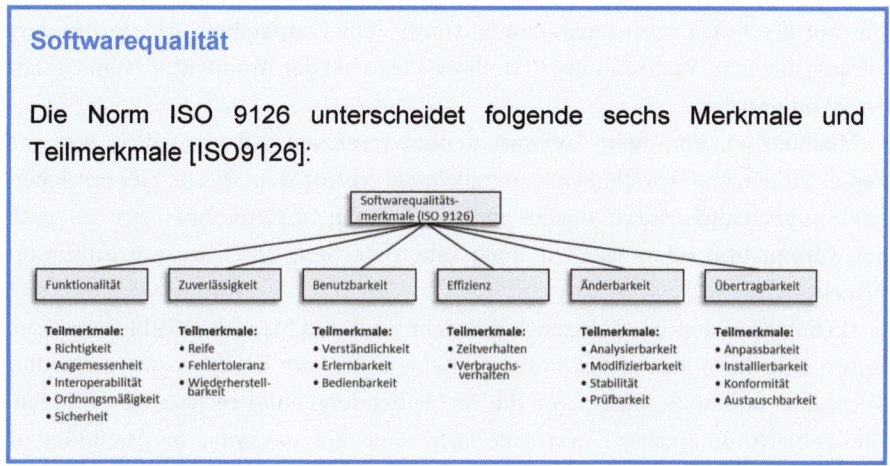

Softwarequalität

Die Norm ISO 9126 unterscheidet folgende sechs Merkmale und Teilmerkmale [ISO9126]:

Abbildung 7: *Definition von Softwarequalität nach ISO 9126*

Mit dieser Definition ist klar, was wir unter Qualität verstehen. Wie erreichen wir dieses Ziel nun?

Wann entstehen Fehler?

Softwareentwicklung besteht grundsätzlich aus den zwei Schritten *Erstellen* und *Prüfen* (siehe Abb. 8). Beim Erstellen geht es um Architektur, Design und Codierung – hier wird die Software konstruiert. Beim Prüfen geht es um Reviews während des Erstellens und das Testen auf verschiedenen Integrationsstufen. Natürlich müssen diese Schritte nicht sequenziell erfolgen, die einzelnen Tätigkeiten wird es aber immer geben.

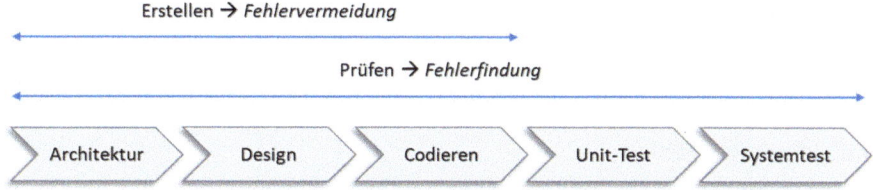

Abbildung 8: *Wertschöpfungskette bei der Softwareerstellung*

Um auf die Frage zurückzukommen, wann Fehler entstehen, ist die Antwort darauf ganz klar: Während der Erstellung – also bei der Architektur, dem Design oder Codieren.

Möchten wir eine hohe Softwarequalität erreichen, gilt es folglich, weniger Fehler zu machen, sprich, Fehler möglichst zu vermeiden. Dieses Ziel erreichen wir hauptsächlich durch unsere innere Haltung, unseren Anspruch an gute Softwarequalität oder, wie wir noch sehen werden, durch unsere Kultur im Projekt.

Da Software von uns Menschen gemacht wird und Menschen Fehler machen, lassen sich diese nicht vollständig vermeiden. Deshalb brauchen wir zwingend Techniken und Maßnahmen, um die verbleibenden Fehler rechtzeitig zu finden. Die Fehlerfindungsphase erstreckt sich über die gesamte, in Abbildung 8 abgebildete Wertschöpfungskette. In der Codeerstellungsphase sind insbesondere alle Arten von Review-Techniken hilfreich, während in den späteren Phasen verschiedenste Testmethoden zum Einsatz kommen. Alle haben das Ziel, möglichst früh die verbleibenden Fehler in der Wertschöpfungskette zu finden. Da heutige Softwareprogramme sehr umfassend sind und schnell viele Millionen Codezeilen beinhalten können, ist es wirtschaftlich nicht möglich, jeden Programmpfad zu durchlaufen – Prüfmethoden sind somit ein Stichprobenverfahren!

Aus den obigen Aussagen ergeben sich zwei Erkenntnisse: Erstens entstehen Fehler bei der Softwareerstellung. Hier gilt es, auf geeignete Weise Fehler zu vermeiden. Zweitens dient das Prüfen der Fehlerfindung. Da es sich hierbei um ein Stichprobenverfahren handelt, kann Softwarequalität nicht im Nachhinein durch Testen erzeugt werden.

Wie entstehen Fehler?

Sind die Projekte gut unterwegs, hat man sowohl zeitlich als auch finanziell gewisse Spielräume. Dies ist auch gut so, hilft es doch, das eine oder andere genauer zu betrachten oder auszuprobieren. Als Folge entstehen in solch einem Umfeld weniger Fehler.

Steigt der Druck im Projekt, verschwinden die Spielräume und das Team beginnt mehrheitlich nur noch zu funktionieren. Um in solch einem Umfeld die Fehlerrate niedrig zu halten, sind Automatismen gefragt, sprich, gut eingespielte und gelebte Prozesse. Jeder weiß dann, was er zu tun hat, und *macht* das auch.

Es gibt also neben der Codequalität auch eine Prozessqualität – beides stellt die Softwarequalität sicher. Dabei hat Codequalität viel mit Erfahrung und Ausbildung zu tun und ist personenabhängig. Wie in Kapitel Team erläutert, gibt es hier sehr große Unterschiede. Prozessqualität hingegen hat mit Organisation zu tun, denn Prozesse müssen klar, verständlich und einfach zugänglich sein. Dies kannst du als Projektleiter direkt beeinflussen.

Die Kultur macht den Unterschied

Fehler entstehen also beim „Erstellen" der Software und dies verstärkt, wenn das Projektteam unter Druck gerät. Natürlich lassen sich Fehler nicht komplett vermeiden, aber deutlich verringern. Der Unterschied dazu macht die Kultur!

Kultur in diesem Zusammenhang heißt, die Prozessevorgaben korrekt anzuwenden, Werte wie Verlässlichkeit und Sorgfalt hoch- und auch unter Druck beizubehalten. Dies zeigt sich beispielsweise, wenn man im Projekt bereit ist, eine Werkabnahme mit dem Kunden terminlich zu verschieben, weil die Software noch nicht reif dafür ist oder lokal gespeicherte Programmdateien außerhalb der Versionsverwaltung nicht zu tolerieren sind. Einer, der diesen Prozess und das Team dabei unterstützt, ist der Qualitätseigentümer (siehe Kapitel Rollen). Er stellt sicher, dass die gemeinsamen Kulturwerte zum Tragen kommen und Unzulänglichkeiten, wie die oben beispielhaft erwähnten, abgestellt werden. Damit nimmt er (gemeinsam mit dem Projektleiter) seine Qualitätsverantwortung wahr und dies mit derselben Konsequenz, wie der Projektleiter Kosten und Termine verfolgt.

Somit ist klar: Qualität ist wesentlich eine Kulturfrage. Kultur besteht aus gemeinsamen Werten, die vorgelebt werden und deren Umsetzung eingefordert wird, sie sind einer Organisation inhärent und sollten auch unter Druck in einem sehr hohen Maß beibehalten werden. Das Team erkennt rasch, ob es sich beim Thema Softwarequalität nur um ein Lippenbekenntnis oder eine ernsthafte Absicht handelt. Wie ist das in deinem Projekt?

Essenz

- Softwarequalität ist die Erfüllung der expliziten Kundenanforderungen und der impliziten Kundenerwartungen.
- Finde möglichst früh heraus, was dem Kunden *wirklich* wichtig ist.

- Qualität wird laufend erzeugt und kann nicht nachträglich hineingetestet werden – es gilt: Fehlervermeidung vor Fehlerfindung.
- Sorge frühzeitig für einfache, gut eingespielte und gelebte Prozesse, denn diese helfen, wenn das Projekt unter Druck gerät.
- Qualität ist in erster Linie eine Kulturfrage und wird vom gesamten Team hergestellt!

Dokumentation

Dokumente belasten Softwareprojekte und zwar in zweierlei Hinsicht. Einerseits belasten sie die Entwickler, weil diese lieber Code schreiben, als aufwendige Spezifikationen erstellen zu müssen. Andererseits belasten Dokumente das Projektbudget, weil deren Erstellung viel Zeit in Anspruch nimmt. Aber nicht nur die Erstellung ist aufwendig, sondern auch die Synchronhaltung der Dokumente mit dem schnelllebigen Code. Da verwundert die weit verbreitete Aussage nicht, dass die einzig wahre Dokumentation der Code selbst ist, mit der Konsequenz: Lieber keine Dokumentation als eine veraltete! Doch wie weit kann man auf eine Dokumentation in der Softwareentwicklung verzichten?

Was hat die Dokumentation mit der Produktqualität zu tun?

Wir behaupten: Eine angemessene Dokumentation trägt wesentlich zur Produktqualität bei und fördert damit letztlich die Kundenzufriedenheit. Wie soll das gehen? Bekanntlich ist eine Software nie fertig und fehlerfrei. Es gibt folglich viele gute Gründe, eine lauffähige Software nachträglich zu verbessern (Update) oder zu erweitern (Upgrade). Die Kundenzufriedenheit beschränkt sich daher nicht nur auf den erstmaligen, lauffähigen Code, sondern beruht auf der impliziten Erwartung, dass die gekaufte Software langfristig verfügbar bleibt und einen Nutzen generiert. Dies kann nur erreicht werden, wenn die Software kontinuierlich aktualisiert werden kann (Softwarekontinuität).

Die Grundlage dafür ist das schriftliche Festhalten der relevanten Aspekte (Dokumentation). Die wichtigsten Dokumente stellen sicher, dass auch zu einem späteren Zeitpunkt noch nachvollziehbar ist, welche Funktionen, Prinzipien, Architekturansätze usw. verwendet wurden (Nachvollziehbarkeit). Nur wenn etwas nachvollziehbar ist, können die bereits beschrittenen Wege immer wieder reproduziert werden (Reproduzierbarkeit). Die Reproduzierbarkeit garantiert eine geordnete Implementierung von Änderungen durch Updates und/oder Upgrades (Änderbarkeit). Die Änderbarkeit einer Software ist wiederum die

Grundlage einer langfristig verfügbaren Software (mehr zum Thema Softwarewartung bei [Bom08]).

Es gibt also eine zwingende Kausalitätsbeziehung von der *Dokumentation* zur *Nachvollziehbarkeit*, weiter zur *Reproduzierbarkeit*, von dieser zur *Änderbarkeit*, dann zur Software-*Kontinuität* und schlussendlich zur *Kundenzufriedenheit*. Oder anders gesagt: Hängt die langfristige Kundenzufriedenheit von der Softwarekontinuität ab, dann lässt sich dies nur durch eine geeignete Dokumentation gewährleisten.

Welche Dokumente braucht es nun?

Dokumentation ist also wichtig. Nun stellst du dir sicher die Frage, welche Dokumentation denn genau? Um diese Frage zu beantworten, sollte man immer vom Zweck und vom Empfänger ausgehen. Stelle dir also bei jedem Dokument als Erstes die Frage, wozu und für wen dieses Dokument geschrieben wird. Kannst du und kann dein Projektumfeld diese Frage nicht beantworten, hast du ein mögliches Einsparungspotenzial entdeckt.

Stelle dir als Nächstes die Frage, ob es sich um ein internes oder ein externes Dokument handelt und ob dieses als Projekt- oder Produktdokument erstellt werden soll.

Interne vs. externe Dokumente

Externe Dokumente kommen entweder von einer externen Stelle oder werden für eine solche erstellt. Zum Beispiel wird ein Lastenheft typischerweise durch den Auftraggeber erstellt oder zumindest von diesem verantwortet. Bei externen Dokumenten gelten andere Regeln als bei internen. Externe Dokumente liegen meistens in einer weit höheren Abstraktionsebene vor und müssen sich in der Semantik dem Empfänger anpassen. Die Erfahrung besagt, dass Entwickler meistens nicht geeignet sind, diese Art von Dokumenten zu schreiben. Im Gegensatz dazu zeichnen sich interne Dokumente durch eine große fachliche Tiefe und einen hohen Detaillierungsgrad aus und sind dadurch meist nur für Fachspezialisten verständlich.

Projekt- vs. Produkt-Dokumente

Es gibt Dokumente, die beziehen sich lediglich auf eine bestimmte Softwareversion respektive sie sind projektspezifisch. Beispiele dafür sind:

Lastenheft, Projekthandbuch, ausgefüllte Meilenstein-Checklisten, Testprotokolle. Aus Sicht einer Software, die über mehrere Versionen erstellt wird, beinhalten solche Dokumente nur die Sicht auf die jeweilige Softwareversion, also das Delta von einer zur nächsten Version. Wir nennen sie daher Delta-Dokumente, weil sie nur die Veränderungen festhalten.

Es gibt aber auch Dokumente, die von Softwareversion zu Softwareversion fortgeführt werden und so die Summe aller Versionen beinhalten und dadurch das Produkt vollumfänglich beschreiben. Wir nennen diese Sigma-Dokumente, weil sie die Summe aller Änderungen festhalten. Beispiele dafür sind: Pflichtenheft, Architektur- und Design-Spezifikation, Testspezifikation oder Benutzerhandbuch.

Wenn du dir nicht sicher bist, welche Informationen in welchen Dokumententyp gehören, dann stelle dir folgendes Szenario vor: Dein Projekt ist vollständig abgeschlossen und jemand geht hin und löscht die gesamte Projektablage! Entsteht dir dadurch ein Schaden im Nachfolgeprojekt? Wenn ja, dann sorge dafür, dass die vermissten Informationen in die Produktdokumentation einfließen.

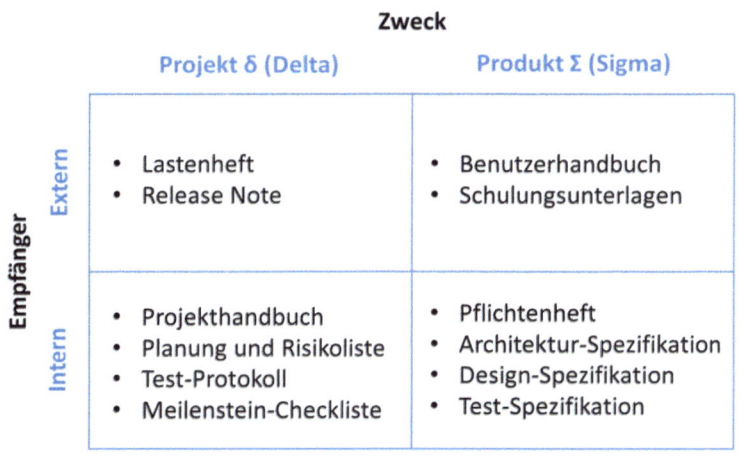

Abbildung 9: *Übersicht Dokumenttypen*

Zurück zu der Frage: Welche Dokumente braucht es nun? Das Raster mit der Einteilung nach internen und externen bzw. nach projekt- und produktspezifischen Dokumenten ist sicher ein guter Ausgangpunkt für deine Orientierung (siehe Abb. 9). Darin ist eine Liste von Dokumenten aufgeführt, die nicht abschließend ist und in deinem Projekt sicherlich etwas anders aussehen kann. Wir sind aber überzeugt, dass du an den oben aufgeführten Dokumenten nicht vorbeikommen wirst.

Damit du die Übersicht über deine Dokumente nicht verlierst und jederzeit den jeweiligen Fertigstellungsgrad kennst, empfehlen wir dir, alle zu erstellenden Dokumente in einem Dokumentenplan zusammenzufassen. Wichtig: Plane die Erstellung aller Dokumente von Beginn an in deinem Projekt ein.

Dokumentation im agilen Umfeld

Im „Manifest für Agile Softwareentwicklung" steht u. a., dass „funktionierende Software mehr als umfassende Dokumentation" wertzuschätzen sei (vgl. [TAM01]). Mit anderen Worten, der lauffähige Code geht vor. Wie wahr! Diese Aussage trifft jedoch für sämtliche Projektarten zu, schließlich will kein Projekt zum Abschluss nur gut dokumentiert, aber ohne lauffähigen Code dastehen. Genauso wenig sollte ein agiles Projekt zum Projektende nur lauffähigen Code und keine Dokumentation vorweisen können.

Ähnlich kannst du mit den übrigen Aussagen des Agilen Manifests verfahren. Sie sind wertvoll und gelten für alle Projekte, genauso wie die Aussagen zu den klassischen Projekten wertvoll und für agile Projekte anwendbar sind.

Was ist sonst noch wichtig?

Hier noch ein paar weitere Gedanken, die dir helfen sollen, nur so viel wie nötig und nicht so viel wie möglich zu dokumentieren:

- Grundsätzlich ist aus unserer Sicht nur die Dokumentation wertvoll, die du bereit bist, kontinuierlich zu aktualisieren.
- Die Form der Dokumentation kann je nach Empfänger sehr unterschiedlich ausfallen. Dies reicht von der Inline-Dokumentation über Wiki bis zur klassischen Papierform. Setze das richtige Medium bewusst ein.

- Beachte, dass bei toolbasierten Dokumentationssystemen die langfristige Lesbarkeit und Änderbarkeit der darin enthaltenen Informationen gewährleistet bleibt, insbesondere bei langlebigen Produkten. Als Minimalanforderung muss jederzeit ein versionierter PDF-Export möglich sein.
- Überlege dir bereits zu Projektbeginn, welche Dokumente zu welchem Zeitpunkt erstellt werden müssen. Es ist einfacher, diese während der Projektumsetzung zum jeweils geeigneten Zeitpunkt zu schreiben, als diese am Projektende zu nachdokumentieren.
- Unterscheide, ob es sich um ein projektspezifisches Dokument (Delta-Dokument) oder um ein aufbauendes Produktdokument handelt (Sigma-Dokument).
- Frage dich immer: Für wen schreibst du das Dokument (Empfänger)? Warum soll sich der potenzielle Leser die Mühe machen, das Dokument zu lesen? Welchen Mehrwert wird er erhalten?
- Achte darauf, dass der Detaillierungsgrad und der technische Tiefgang dem Zielpublikum entspricht. Passt das Niveau, kann die Dokumentation auch kurzgehalten werden.
- Teilweise erfüllen eine Dokumentation oder Teile davon neben technischen auch juristische Zwecke, z. B. in Form eines Vertragsbestandteils, als Nachweis einer Normenkonformität oder bei Gewährleistungsansprüchen. Diese Dokumente lassen sich nicht einsparen.

Wie du siehst, benötigt jedes Projekt eine minimale Dokumentation. Mache dir also frühzeitig Gedanken darüber, welche Dokumente in deinem Projekt notwendig sind, und plane entsprechend Zeit, Budget und Ressourcen dafür ein.

Essenz

- Kunden erwarten eine langfristig verfügbare Software. Eine sinnvolle Dokumentation hilft dabei, die Kontinuität und dadurch die Kundenzufriedenheit sicherzustellen.
- Unterschätze niemals den Aufwand für die Erstellung und Pflege von Dokumenten.
- Ein lauffähiger Code ist höher wertzuschätzen als eine umfassende Dokumentation, schließt diese jedoch nicht aus.

- Es lohnt sich, zu Projektbeginn die zu erstellenden Dokumente festzulegen (Dokumentenplan) und die entsprechenden Ressourcen und das dafür nötige Budget einzuplanen.
- Erstelle nur Dokumente, für die es einen Zweck und einen Empfänger gibt.
- Lege dabei gleich fest, wer der Empfänger der jeweiligen Dokumente sein wird und ob dieses als Delta- bzw. Sigma-Dokumente erstellt werden muss.

Projektabschluss
DARUM KÜMMERE ICH MICH, WENN ES SO WEIT IST!

Der Erfolg eines Projektes kann erst nach dessen Abschluss beurteilt werden. Folglich ist der Projektabschluss ein wesentlicher Teil des Projekterfolges. Auch wenn der Projektabschluss wortwörtlich erst ganz am Schluss ansteht, ist es wichtig, diesen von Beginn an zu gestalten und einzuplanen. Die Risiken, die es mit sich bringt, dies nicht zu tun, sind offensichtlich.

It's not a bug, it's a feature!

Wie bereits im Kapitel Softwarequalität beschrieben, handelt es sich bei der Qualität um die Erfüllung der expliziten Anforderungen und der impliziten Erwartungen. Aus Erfahrung sind beim Projektabschluss nicht die expliziten Anforderungen das Problem, sondern die impliziten Erwartungen, denn diese werden in der Regel nicht schriftlich festgehalten, sondern stecken in den Köpfen der Auftraggeber und Kunden. Und es kommt, wie es kommen muss: Der Kunde ist mit dem Resultat nicht vollumfänglich einverstanden und fordert das Fehlende als Nachbesserung ein, natürlich auf Kosten des Auftragnehmers. Auf der anderen Seite wird der vermeintliche Mangel als zusätzliches Feature (Claim) betrachtet, welches durch den Auftraggeber finanziert werden müsste. Diese Diskussionen belasten nicht nur das Geschäftsverhältnis, sondern auch das Projekt, denn dieses wird so lange aufrechterhalten, bis alle Fragen geklärt sind. Dadurch ist nicht nur die Qualität der Lieferung in Frage gestellt, sondern auch die Termine und Kosten laufen aus dem Ruder. Suche also einen frühen und kraftvollen Projektabschluss.

Abnahme

Um die obigen Diskussionen und Schuldzuweisungen zu minimieren, gibt es verschiedene Lösungsansätze. Allen gemeinsam ist das einheitliche Verständnis der Abnahmekriterien. Doch woher kommen die Abnahmekriterien? In einer idealen Welt würde der Auftraggeber diese bereits als explizite Anforderungen im Lastenheft formulieren. Doch dies zu erwarten wäre unrealistisch.

Es ist zwar trotzdem wichtig zu wissen, wie der Auftraggeber die Projektabnahme zu gestalten gedenkt. Doch in der Regel hat dieser beim Projektstart noch keine klaren Vorstellungen davon, denn auch für ihn liegt der Projektabschluss noch in weiter Ferne. Da wären wir wieder beim „Darum kümmere ich mich dann, wenn es so weit ist". Also liegt der Ball wieder beim Projektleiter. Was kann er tun?

Es gibt auf diese Frage nicht die eine richtige Antwort. Aber es gibt zumindest drei grundsätzlich unterschiedliche Lösungsansätze.

Das Projekt definiert die Abnahmekriterien

Aus verständlichen Gründen kann zu Projektstart nicht mit verbindlichen Abnahmekriterien von Seiten des Kunden gerechnet werden. Häufig ist auch ihm nicht klar, wie diese zu formulieren sind. Diese Arbeit kann das Projekt dem Kunden abnehmen und von sich aus einen Vorschlag für die Abnahmekriterien machen. Diese Abnahmekriterien müssen anschließend durch den Kunden reviewed und abgenommen werden. Das Risiko hierbei ist, dass sich der Kunde in diesem frühen Stadium des Projektes gedrängt fühlt und sich dadurch dieser Prozess in die Länge ziehen oder ein Rest an Unverbindlichkeit bleiben kann.

Die Wahrheit steht im Pflichtenheft

Das Lastenheft wird in der Regel durch den Auftraggeber verfasst. In ihm wird beschrieben, welche funktionalen und nichtfunktionalen Anforderungen respektive Problemstellungen gelöst werden sollen, also das WAS. Das Pflichtenheft hingegen wird vom Auftragnehmer verfasst, in ihm steht, wie die obigen Anforderungen verstanden werden und wie sie technisch umgesetzt werden sollen, also das WIE. Das Pflichtenheft ist in den meisten Fällen deutlich umfangreicher und detaillierter. Es liegt also nahe, das Pflichtenheft anstelle des Lastenhefts als Auftragsgegenstand zu bestimmen. Folglich würde im Zweifelsfall bei der Projektabnahme das Pflichtenheft die „Wahrheit" beschreiben.

Bei der Überführung der Anforderungen vom Lastenheft zum Pflichtenheft handelt es sich jedoch immer um eine Interpretation der Anforderungen. Dadurch können Differenzen entstehen, die nur durch ein gemeinsames Review erkannt werden können. Das Risiko besteht darin, dass das Pflichtenheft für den Auftraggeber zu technisch ausfällt und er dieses daher nicht beurteilen kann.

Ein weiteres Problem kommt daher, dass das Lastenheft bereits vertraglich als die „Wahrheit" definiert wurde.

Anmerkung: Je nach Organisation, Domäne oder Prozess, werden auch andere Bezeichnungen für das Lastenheft und das Pflichtenheft verwendet. Doch grundsätzlich geht es immer um dieselbe Basis: zum einen um die Sicht des Kunden (das WAS) und zum anderen um die Sicht der technischen Umsetzung (das WIE).

Partielle Abnahmen

Die beiden beschriebenen Lösungsansätze erfordern je eine vorzeitige verbindliche Abnahme durch den Kunden. Diese stellt ein gewisses Risiko für ihn dar und kann deshalb nicht erzwungen werden. Folglich sind wir auf das Entgegenkommen des Kunden angewiesen. Um das Risiko dennoch minimieren zu können, empfehlen wir eine schrittweise (partielle) Abnahme. Wann immer ein Teilresultat vorliegt, soll dieses dem Kunden zur Abnahme vorgelegt werden. Dadurch ist der Entscheidungshorizont und damit das Risiko für den Kunden überschaubar. Durch den wiederkehrenden Kundenkontakt besteht auch die Chance, die impliziten Erwartungen frühzeitig zu erkennen, wodurch wiederum das Projektrisiko sinkt.

Dokumentation

Es geht leider nicht ganz ohne Schriftlichkeit! Je nach Projektgröße, Projekt-Domäne oder Realisierungsprozess können unterschiedliche Dokumente zum Projektabschluss gefordert werden. Die einen sind eher für den internen, die anderen für den externen Gebrauch gedacht. Wenn dafür keine Vorgaben vorliegen, empfehlen wir, zumindest die Antworten auf die folgenden drei Fragen schriftlich festzuhalten.

- Was wurde erstellt?
- Was wurde getestet?
- Was bedeutet das für den Anwender?

Was wurde erstellt?

In den meisten Fällen handelt es sich bei einem Softwareprojekt nicht um eine Neuentwicklung, sondern um eine Weiterentwicklung. Aufgrund der Nachvollziehbarkeit sollte in einem *Versionshinweis* (Release Note) festgehalten werden, was sich gegenüber der Vorgängerversion verändert hat. Diese Information ist sowohl für interne als auch externe Stakeholder interessant.

Was wurde getestet?

Aus Gründen der Nachvollziehbarkeit und der Reproduzierbarkeit sollte eine projektinterne *Testspezifikation* erstellt werden, welche aussagt, was wie getestet wurde. Das Resultat sollte aus Qualitätsgründen in einem (integrierten oder evtl. generierten) *Testprotokoll* festgehalten werden.

Was bedeutet das für den Anwender?

Die Zufriedenheit mit einem Softwareprodukt liegt auch in dessen Verständlichkeit und Handhabbarkeit. Es ist daher sehr zu empfehlen, den Zweck und die Funktion der Software in einer kundenverständlichen Sprache zu beschreiben. Es sollte also jemand das (*Online-*) *Benutzerhandbuch* und eine allfällige *Schulungsdokumentation* schreiben, der die Arbeitsweise und die Sprache des Kunden versteht.

Lessons Learned

Wir empfehlen, nicht nur zum Projektende Lessons Learned durchzuführen, sondern, wie bei agilen Methoden üblich, regelmäßig eine Retrospektive über die vergangene Projektphase zu machen. Dies hat den entscheidenden Vorteil, dass Erkenntnisse und Verbesserungen noch im selben Projekt Wirkung zeigen können und die Erfahrung der Teammitglieder anwächst. Auch andere, parallel laufende Projekte mit ähnlichem Umfeld können davon profitieren. Voraussetzung ist, dass die oben beschriebenen Erkenntnisse für alle Stakeholder sichtbar sind. Damit ist auch klar, dass die Erkenntnisse rein sachlich festgehalten werden müssen und keine Rückschlüsse auf einzelne Projektmitarbeiter zulassen. Es geht nicht darum, Schuldige zu benennen, sondern darum, als Team besser zu werden. Erfahrung kommt durch Reflexion, alles andere ist nur erlebt!

Es gibt verschiedenste Vorgehensweisen, wie eine Retrospektive durchgeführt werden kann. Meistens werden dabei die Themen Technik, Menschen und Prozesse angeschaut. Wir möchten an dieser Stelle nicht ein bestimmtes Verfahren in den Vordergrund stellen, denn es hat sich gezeigt, dass es sogar hilfreich ist, den Ablauf und die Form der Retrospektive immer wieder neu zu gestalten, weil dadurch die Chance besteht, neue Aspekte zu thematisieren.

Abschlussfeier

Genau wie beim Projektstart mit dem Kick-off sollte auch nach einem gelungenen Projektabschluss angemessen gemeinsam gefeiert werden. Dies ist nicht nur ein Zeichen der Wertschätzung und Dankbarkeit gegenüber den Projektmitarbeitern, sondern es fördert auch die Zusammenarbeit bei künftigen Projekten. Zudem ist es legitim, stolz auf das Geleistete zu sein und dem einen angemessenen Rahmen zu geben. Stelle sicher, dass die dafür nötige Finanzierung und Zeit im Projektbudget eingeplant sind.

Wie im Kapitel Projektstart beschrieben, gilt auch hier: So, wie ein Projekt beginnt, so endet es auch! Willst du also einen strukturierten und erfolgreichen Projektabschluss erreichen, musst du dir diesen bereits vom Projektstart an erarbeiten. Folglich reicht es bei Weitem nicht aus, sich erst darum zu kümmern, wenn es vermeintlich so weit ist.

Essenz

- Strebe einen frühen und kraftvollen Projektabschluss an und plane diesen von Beginn an.
- Versuche, die Projektabnahmekriterien so detailliert wie möglich festzulegen, und sorge dafür, dass diese als interne Anforderung in den Product Backlog einfließen.
- Versuche, Teilresultate so früh wie möglich bei regelmäßigen Kunden- meetings bestätigen zu lassen.
- Plane rechtzeitig die Erstellung der notwendigen Projektdokumentation ein.

- Führe regelmäßig mit dem ganzen Projektteam eine Retrospektive durch, um von den daraus hervorgehenden Erkenntnissen profitieren zu können – mindestens aber bei Projektabschluss.
- Feiere angemessen den gelungenen Projektabschluss mit dem gesamten Projektteam.

Rollen und Beziehungen

Rollen

In den meisten Prozessen und Vorgehensmethoden werden unterschiedliche Rollen definiert. Je größer und komplexer ein Vorhaben ist, desto mehr Rollen werden festgelegt oder drängen sich auf. Es ist deshalb nachvollziehbar, wenn die Meinung entsteht, Rollen blähen das Projekt nur auf und machen es unnötig teuer. Soll ich in meinem Projekt überhaupt Rollen festlegen oder lasse ich das Theater und konzentriere mich auf das, was getan werden muss? Die Antwort lautet: Jein! Den Fokus auf den Projektauftrag zu legen ist sicherlich nicht falsch, doch wir sind der Ansicht, dass der Einsatz der richtigen Rollen den Projekterfolg klar unterstützt. Doch auch hier gilt es, das richtige Maß zu finden.

Warum braucht es Rollen?

Ein häufiger Umstand, weshalb Rollen in Projekten ungern besetzt oder als störend empfunden werden, liegt darin, dass diese nicht richtig implementiert wurden. Damit eine Rolle wirkungsvoll zum Tragen kommt, muss diese mit ihren Aufgaben, Verantwortungen und Kompetenzen in Einklang sein. Wobei es an Aufgaben und übertragenen Verantwortungen in den meisten Fällen nicht fehlt, ganz im Gegensatz zu den notwendigen Kompetenzen. Die Kompetenzen verbleiben in der Regel beim Projektleiter oder in der Organisation, ganz nach dem Motto: Wo kommen wir denn hin, wenn jeder selbstständig über Maßnahmen entscheiden kann? Fehlen für die Ausübung einer Rolle die notwendigen Kompetenzen, muss man sich nicht wundern, wenn auch die

Verantwortung abgelehnt wird. Dies sind schlechte Voraussetzungen für eine ernsthafte Identifikation mit der Rolle und dem Projekt.

Es ist also wichtig, schon in der Projektvorbereitungsphase das AKV-Prinzip (AKV: Aufgabe, Kompetenzen und Verantwortung) zu definieren, wobei zwingend darauf geachtet werden muss, dass die drei Aspekte des AKV-Prinzips aufeinander abgestimmt und ausgeglichen sind. Damit ist jedem künftigen Rollenträger im Projekt bereits bei der Ressourcenallokation klar, worauf er sich einlässt. Erst jetzt kann man ernsthaft eine Zusage im Sinne eines Commitments erwarten, als Basis für die dringend notwendige Identifikation.

Welche Rollen soll ich nun implementieren?

Im Umfeld der Softwareentwicklung wurden im Laufe der Zeit sehr viele Rollen vorgeschlagen und eingeführt, sodass man leicht den Überblick verlieren kann. Sicherlich gibt es nicht *die* eine Rollenzuteilung, die für alle Projekte passt, aber unsere Erfahrungen haben gezeigt, dass in jedem Projekt, so unterschiedlich diese sein können, folgende vier Rollen mindestens besetzt sein sollten:

- Produkteigentümer (PE)
- Projektleiter (PL)
- Architekt und/oder Implementierer (AR)
- Qualitätseigentümer/Qualitätsmanager (QM)

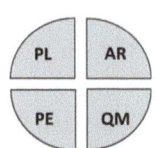

Produkteigentümer (PE)
In jedem Projekt gibt es eine Person, oder eine Personengruppe, die entscheiden kann, was genau in welcher Ausprägung realisiert werden soll. Diese Person kann beurteilen und entscheiden, was wichtiger ist (Prioritäten) und wann ein Arbeitsresultat und/oder das Projekt das Ziel erreicht hat (Abnahme). Diese Person prägt also wesentlich das im Projekt entstehende Produkt und hat damit die Produkteigentümerschaft. Häufig nimmt der Auftraggeber bzw. Sponsor diese Rolle ein.

Projektleiter (PL)

In jedem Projekt muss es jemanden geben, der sich verpflichtet (committet), unter den zum Meilenstein C definierten Rahmenbedingungen das Projekt zu leiten (siehe Kapitel Meilensteine). Diese Person ist die erste Anlaufstelle für alle Stakeholder. Sie organisiert, plant und steuert die Ressourcen und legt fest, wie das Ziel erreicht wird (Prozesseigentümer).

Der richtige Projektleiter

Es gibt nicht „den guten Projektleiter", der alle Projekte gut leiten kann, denn so einmalig die Projekte sind, so einmalig muss auch der passende Projektleiter sein. Es ist also sehr wichtig, nicht den besten, sondern den passendsten Projektleiter einzusetzen.

Unsere Erfahrungen haben auch gezeigt, dass es Projektleiter ohne Domänen-Know-how schwer haben. Es fehlt ihnen das Bauchgefühl, um Projektereignisse zu antizipieren und richtig einzuschätzen.

Und, bist du der richtige Projektleiter für dein spezielles Projekt?

Architekt (AR)

In jedem Projekt gibt es eine Person oder Personengruppe, welche das grundlegende Zusammenspiel der Softwarekomponenten festlegt. Das sind meist Fachleute, die über das Wissen verfügen, mit welcher Technologie die Anforderungen in ihrem Umfeld implementiert werden sollen. Zudem können sie Arbeitspakete realisieren. Diese Personen sind die Technologieeigentümer.

Qualitätseigentümer (QM)

Jeder Auftraggeber erwartet vom Auftragnehmer (Projektteam), dass die beauftragten Arbeiten in einer hohen oder zumindest klar definierten Qualität umgesetzt werden (siehe Kapitel Softwarequalität). Das einfachste Prinzip der Qualitätssicherung ist das Vier-Augen-Prinzip. Das hat nichts mit mangelndem Vertrauen zu tun, sondern mit der Einsicht, dass niemand unfehlbar ist. Vier Augen sehen mehr, insbesondere weil das zweite Augenpaar eine Außensicht repräsentiert und dadurch die Gefahr der Betriebsblindheit reduziert wird. Diese Person ist der Qualitätseigentümer.

Wie sieht das AKV-Prinzip dieser vier Grundrollen aus?

In der nachfolgenden Tabelle weisen wir jeder dieser vier Grundrollen die mit dem AKV-Prinzip angesprochenen drei Aspekte zu. Zudem ist aus unserer Sicht jede Rolle für einen Schwerpunkt im Projekt zuständig: So beeinflusst beispielsweise der Produkteigentümer die Priorisierung des Product Backlog und damit das WAS und das WANN und sorgt so für die Effektivität im Projekt und dadurch den optimalen Kundennutzen. Auch die drei anderen Rollen beeinflussen ihre Themenfelder: Der Projektleiter sorgt mit dem WIE (wird es getan) für Effizienz im Projekt, der Architekt entscheidet als Technologieverantwortlicher, WIE Anforderungen umgesetzt werden, und der Qualitätseigentümer sorgt für die Einhaltung der Verpflichtungen bzgl. der Qualitätsaspekte.

Rolle	Aufgabe	Kompetenzen	Verantwortung
Produkteigentümer	sorgt für die Erreichung der Effektivität		
PE	- steuert den Product Backlog - priorisiert	- entscheidet über das WAS und das WANN - nimmt die Arbeitsresultate ab	- Budget-Verantwortung - maximaler Kundennutzen
Prozesseigentümer	sorgt für die Erreichung der Effizienz		
PL	- Projektabwicklung - Ansprechpartner	- entscheidet über das WIE (die Art der Abwicklung) -Ressourceneinsatz	- Zielerreichung bzgl. Kosten, Termin und Funktionsumfang
Technologieeigentümer	sorgt für die Realisierung der Funktionalität		
AR	- setzt Anforderungen um - stellt die Qualität sicher	- entscheidet über das WIE (Architektur) - entscheidet über die Art der Implementierung	- Einhaltung der Anforderungen - Umsetzungsverantwortung

Qualitätseigentümer		sorgt für eine Qualitätskultur	
QM	- legt die Qualität fest - stellt Vier-Augen-Prinzip sicher	- Freigabe von Projektartefakten (Dokumente, Meilensteine etc.)	- Einhaltung der Qualitätsvorgaben

Tipp

Die Anzahl der Rollen ist ungleich der Anzahl der Personen, es kann also eine Person gleichzeitig mehrere Rollen einnehmen. Dies hat jedoch Grenzen. Einerseits durch die Arbeitslast und andererseits setzen unterschiedliche Rollen unterschiedliche Fähigkeiten und Charaktereigenschaften voraus. Zudem können gewisse Rollen gegenläufige Interessen mit sich bringen. Um diese potenziellen Interessenkonflikte zu vermeiden, sind daher gewisse Kombinationen von Rollen nicht zulässig (siehe Abb. 10).

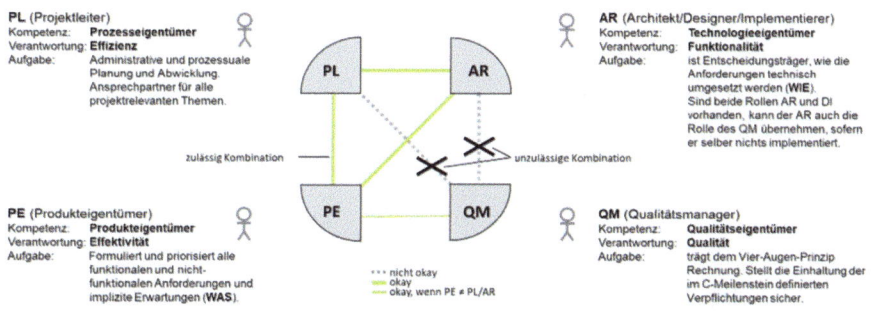

Abbildung 10: *Rollenübersicht*

Wie du siehst, verhält es sich mit den Rollen wie in einem Theaterstück: Sind sie richtig besetzt und mit den notwendigen Kompetenzen ausgestattet, leisten die Rolleninhaber einen gewinnbringenden Projektbeitrag. Richtig zugewiesene Rollen sind essenziell und tragen wesentlich zum Erfolg bei. Lege daher zu Projektbeginn die genannten vier Rollen fest und kümmere dich um eine geeignete Besetzung.

- Eine definierte Rollenverteilung mit ausgewogenem AKV-Prinzip sorgt für Klarheit und somit für eine Entlastung des Projektleiters sowie für Ruhe im Projekt.
- Der Nutzen einer Rolle ist nur so gut wie deren Besetzung – ein reines Organigrammvervollständigen bringt das Projekt nicht weiter.
- Rolleninhaber müssen unbedingt mit dem ganzen AKV-Prinzip ausgestattet werden – insbesondere mit den notwendigen Kompetenzen.
- Jedes Projekt sollte mindestens die vier Grundrollen Produkteigentümer, Projektleiter, Architekt und Qualitätseigentümer besetzen – sie beeinflussen jeweils einen wesentlichen Aspekt im Projekt.

Frage: Ist noch in der agilen Welt ein Projektleiter nötig? Die Frage ist berechtigt, da heutzutage in den meisten Projekten agile Methoden wie Scrum zum Einsatz kommen und damit die drei Rollen Scrum Team, Scrum Master und Product Owner. Der Projektleiter als solcher ist darin nicht vorgesehen. Heißt das, dass der Projektleiter unnütz ist und nicht mehr benötigt wird? Bei Weitem nicht!

Obwohl agile Methoden wie Scrum viel Gutes bewirkt haben, hat die fehlende Rolle des Projektleiters für einige Verwirrung gesorgt, denn Unternehmen planen Projekte, geben dafür Budget frei und wollen konkrete Ansprechpartner, die sich um die „geschäftlichen" Faktoren eines Projektes kümmern. Wie lässt sich dieser Konflikt lösen?

Aufgaben in der Projektführung

In der agilen Welt könnte man sich also fragen, wer eigentlich die Aufgaben erledigt, welche bisher durch den Projektleiter übernommen wurden? Betrachten wir für diesen Vergleich die relevanten Rollen und deren Aufgaben:

Der *Scrum Master* trägt in erster Linie die Verantwortung für den Scrum-Prozess und dessen korrekte Implementation. Dabei ist er Vermittler und Unterstützer, strebt ständig Optimierungen an und beseitigt Hindernisse. Darüber hinaus sorgt er für den Informationsaustausch zwischen dem Product Owner und dem Scrum Team, moderiert die Scrum-Meetings und hat die Scrum-Artefakte im Blick (Product Backlog, Sprint Backlog, Burn-down-Chart). Zu guter Letzt schützt er das Scrum Team vor unberechtigten Eingriffen während des Sprints. Auf den Punkt gebracht: Er ist zuständig für die Effizienz des Scrum Teams.

Der *Product Owner* vertritt in erster Linie die fachliche Auftraggeberseite und somit sämtliche Stakeholder. Damit steht er dem Scrum Team jederzeit für Rückfragen zur Verfügung. Zudem pflegt er das Product Backlog und betrachtet dabei seine Aufgabe aus der Business-Perspektive. Er trägt die Verantwortung dafür, dass die richtigen Anforderungen im Product Backlog stehen und dass sie in einer sinnvollen Reihenfolge abgearbeitet werden. Dadurch hat er maßgeblichen Einfluss auf das Arbeitsergebnis und ist um die Effektivität besorgt.

Der *Projektleiter* ist verantwortlich für die operative Planung und Steuerung des Projektes. Er bildet die organisatorische Stelle, baut einen strukturellen Rahmen und sorgt für die finanziellen Randbedingungen, in denen das Team agieren kann. Zudem ist er zuständig für die Verträge, die Lieferanten und Ressourcen im Allgemeinen.

Abbildung 11: *Aufgaben in der Projektführung*

Wie man sieht, haben diese Rollen verschiedene Schwerpunkte und es kann die eine nicht durch die andere Rolle ersetzt werden. Das heißt, ein Scrum Master ist ebenso wenig ein Projektleiter wie ein Product Owner – und das müssen sie auch nicht sein, denn sie haben jeweils einen anderen Fokus.

Die Frage, die man sich stellen kann, ist, ob alle drei Scrum-Rollen in Summe sämtliche Aufgaben eines Projektes abdecken und somit den Projektleiter ersetzen. Obenstehende Abbildung 11 zeigt wesentliche Projektaufgaben und deren Zuweisung zu den Rollen. Es zeigt sich, dass gewisse Aufgaben durchaus von der einen oder anderen Rolle wahrgenommen werden können, letztendlich bleiben aber Aufgaben, die nur einer Rolle zugewiesen sind – auch dem Projektleiter.

Interner vs. externer Auftraggeber

So viele Vorteile, wie Scrum hat, es hat auch den Nachteil, dass es für größere Projekte nicht skaliert, denn es ist konzipiert für Teams von drei bis neun Entwicklern (vgl. [TAM01]). Dieser Mangel wurde unlängst erkannt und entsprechend sprießen Methoden, die die Skalierung von agilen Prozessen ermöglichen – immer auf Kosten neuer Aufgaben und Rollen. Gemeinsam ist diesen Ansätzen, dass sie die Rolle des Projektleiters meiden.

Unsere Erfahrung zeigt, dass agile Methoden ohne die Rolle des Projektleiters (z. B. SAFe) in Projekten mit internem Auftraggeber funktionieren können. In Projekten mit externem Auftraggeber hingegen ist aus unserer Sicht ein Projektleiter zwingend notwendig. Dabei lässt sich der Projektrahmen als Überbau ideal mit mehreren umsetzenden Scrum Teams kombinieren. Gleichzeitig profitiert man von umfangreichen Erfahrungen in Projektmanagement-Methoden der letzten Jahrzehnte.

Warum meiden die agilen Methoden die Rolle des Projektleiters so sehr? Wir sind überzeugt, dass hier die Angst vorherrscht, dass mit der Rolle des Projektleiters wieder Formalismen eingeführt und dadurch die Agilität herabgesetzt werden könnte. Wie oben beschrieben, ist dies aus unserer Sicht kein Widerspruch, denn in größeren Projekten ist beides notwendig, aber jedes auf seiner Ebene.

Aus diesen Gründen sollte man die drei Rollen, insbesondere in großen, komplexen Projekten, separieren in die technische, moderierende Sicht (Scrum Master), die Business-Sicht (Product Owner) und die organisatorische Sicht (Projektleiter). Alle drei Rollen sind mit einer eigenen Person zu besetzen und sollten in ständigem Austausch miteinander sein.

Kann man Verantwortung teilen?

Es wird immer wieder behauptet, dass ein (Hochleistungs-)Team auch die Projektverantwortung tragen könne. Solange das Projekt-Schiff in seichtem Wasser gleitet, mag dies so sein. Doch sobald ein wirklicher Sturm aufkommt, die Situation komplex wird und jede getroffene Entscheidung unangenehme Folgen hat, braucht es jemanden, der „von Amts wegen" das Sagen hat und schnell entscheiden kann. Wobei hier das Wort „schnell" eine ganz wichtige Rolle spielt. In kritischen Situationen ist es essenziell, rechtzeitig eine brauchbare Entscheidung zu fällen und danach zu handeln und nicht auf eine auf demokratische Weise erarbeitete Entscheidung zu warten. Dies kann jeder bestätigen, der schon einmal die Gelegenheit hatte, in einem Krisenstab tätig zu sein.

Es ist also jemand nötig, der im Krisenfall entscheiden muss und darf. Dies sollte von Beginn an klar sein und kommuniziert werden.

Wie du siehst, benötigt man auch im agilen Umfeld einen klaren Ansprechpartner fürs Projekt, besonders dann, wenn es Schwierigkeiten zu bewältigen gibt und rasche Entscheidungen erforderlich sind. Der Projektleiter ist somit notwendig und kein Auslaufmodell – auch nicht im agilen Umfeld.

Essenz

- Die drei Scrum-Rollen decken in Summe nicht alle Projektmanagementaufgaben ab.
- Große Projekte und Projekte mit vielen Schnittstellen bedingen mehr Koordination und Kommunikation – speziell solche mit einem externen Auftraggeber.
- Verantwortung lässt sich letztendlich nicht teilen – besonders nicht in schwierigen Situationen, wenn rasche Entscheidungen notwendig sind.
- Die Rolle des Projektleiters ist nach wie vor notwendig – auch im agilen Umfeld.

Software ist ein immaterieller Werkstoff mit fast unendlichen Einsatzmöglichkeiten. Er findet seine praktischen Grenzen lediglich in der Vorstellungskraft der Entwickler und in der Finanzkraft der Auftraggeber. Es sind also unsere Projektmitarbeiter, die durch ihre Vorstellungskraft das Material Software zum gewünschten Programm formen. Deswegen kommt es in erster Linie auf die Menschen an und nicht auf großartige Maschinen oder Werkzeuge. Für ein erfolgreiches Projekt sind aus Sicht der Ressourcen daher vor allem zwei Fragen entscheidend:

- Haben wir die *richtigen* Leute?
- Und: Haben wir *genug* Leute?

In diesem Kapitel geht es um die Frage nach den *richtigen* Leuten. Für das Thema *genug* Leute siehe das Kapitel Ressourcenmanagement.

Kopf- versus Handarbeit

Softwareentwicklung ist eine wissens- und kommunikationsintensive Tätigkeit mit hohem Kreativitätsfaktor und somit geistiger Arbeit. Unsere Mitarbeiter sind also Wissensarbeiter und für diese gelten andere Grundgesetze als für klassische (Produktions-)Arbeiter. Die einfache Denkweise, dass zwei Arbeiter doppelt so schnell sind wie einer, gilt hier also nicht. Der Produktivitätsunterschied zwischen zwei Entwicklern kann schnell den Faktor fünf bis zehn erreichen. Je nach Problemstellung kann die Aufgabe sogar für viele Mitarbeiter unlösbar sein. Das richtige Wissen, die Kreativität und die entsprechende Erfahrung der Mitarbeiter sind absolut entscheidend. Tom DeMarco hat in seinem Buch mit dem treffenden, englischen Titel „Peopleware" [DeMa14] schon früh darauf aufmerksam gemacht. Du als Projektleiter solltest solche Topstars in deinem Team haben. Vor diesem Hintergrund ist die Wahl deiner Projektmitarbeiter also sehr wichtig.

Zudem ist die Kreativität ein wesentlicher Faktor, den es zu beachten gilt – allerdings lässt sich diese nicht einfach verordnen. Hier kannst du lediglich Rahmenbedingungen schaffen, die diese fördern.

Vergleichskriterium Stundensatz

In der Softwareentwicklung ist der Stundensatz der (externen) Mitarbeiter eine wichtige Komponente, weil dieser die Kosten direkt beeinflusst und einfach vergleichbar ist. Daher wird als Kostenvergleich zweier Mitarbeiter oft nur der Stundensatz herangezogen und damit fälschlicherweise das bekannte Muster des Produktionsmitarbeiters auf den Wissensarbeiter übertragen. Was bei diesem Vergleich viel zu wenig Beachtung findet, ist der Produktivitätsunterschied, der wesentlich größer ausfallen kann als der Stundensatzunterschied. Denn den eigentlichen Kostenunterschied zweier Mitarbeiter liegt bei der Produktivität und nicht beim Stundensatz.

Wer sind die Richtigen?

Bei der Wahl des richtigen Mitarbeiters halten wir uns an folgende Eselsbrücke: Kann er? Will er? Passt er?

Kann er?
Das Ziel ist, einen in hohem Maße produktiven Mitarbeiter zu finden. Diese Eigenschaft hat beim Wissensarbeiter weniger mit Fleiß zu tun als mit dessen sehr guten *Fähigkeiten*, die modernen Softwareentwicklungsmethoden anwenden zu können. Wer beispielsweise generische Designs verwendet, erzeugt Software, die sehr viel einfacher erweiterbar und wartbar ist. Beides wirkt sich auf die Produktivität aus. Natürlich kann man sein Wissen im Laufe der Zeit erweitern, eine gewisse Affinität für das Programmieren muss man aber mitbringen. man kann sie sich nicht einfach aneignen. Es geht also darum, jemanden zu finden, der diesen Anforderungen genügt oder zumindest das Potenzial dazu mitbringt.

Will er?

Die Versuche, Mitarbeiter zu einer Höchstleistung zu motivieren, haben sehr häufig nur eine zeitlich begrenzte Wirkung, weil sie entweder auf monetären Anreizen wie Inzentiven, Boni, Sonderprämien usw. basieren oder auf Ängsten beruhen, erzeugt beispielsweise mittels Aussagen wie: „Wenn wir das nicht schaffen, sind wir weg vom Markt." Möchte man Mitarbeiter stattdessen zu einer dauerhaften Höchstleistung anspornen, muss ein Umfeld geschaffen werden, welches eine *intrinsische Motivation* möglich macht. Dazu gehört, dass jeder Mitarbeiter seine Tätigkeit als sinnvoll und ethisch korrekt betrachten und sich mit der Domäne und dem zu entstehenden Produkt im hohen Maße identifizieren kann.

Passt er?

Softwareentwicklung ist Teamsport, denn große Applikationen lassen sich nur von großen Teams erstellen. Zudem werden die verschiedenen Aufgaben auf verschiedene Rollen verteilt, die miteinander optimal interagieren müssen (siehe Kap. Rollen). Es genügt also nicht, Leute im Team zu haben, die fähig und motiviert sind, sie müssen auch *Teamplayer* sein.

Auf alle drei genannten Punkte ist bereits bei der Rekrutierung der Mitarbeiter zu achten.

Ein Topteam formen

Mit dem oben beschriebenen Vorgehen haben wir die richtigen Mitarbeiter gefunden. Nun geht es darum, aus ihnen ein Topteam zu formen, denn spätestens seit Aristoteles wissen wir, dass das Ganze mehr ist als die Summe seiner Teile. Und genau hier liegt ein weiterer Hebel, denn wie man beispielsweise im Sport oft beobachtet, kann ein Team, das ein gemeinsames Ziel vor Augen hat, den richtigen Umgang miteinander pflegt und füreinander einsteht, über sich hinauswachsen. Dazu braucht es ein klares Zusammenspiel, gelebte Feedbackkultur und einen Fokus.

Zusammenspiel

Zu den von vornherein klaren Rollen zählen zunächst die Rollen aus dem Prozess (siehe Kap. Rollen). Diese sollten passend besetzt und ihre Aufgabe klar kommuniziert werden. Es ist wichtig, dass jeder genau versteht, welchen Beitrag er zum Ganzen leistet und welchen Mehrwert die anderen erbringen. Sind die Rollen so besetzt, gilt es sicherzustellen, dass sie zusammen mit den Prozessen und Arbeitsabläufen eingeübt sind und reibungslos ablaufen. Menschen, die in einer effektiven Arbeitsumgebung mit wenigen organisatorischen Hürden arbeiten, sind deutlich kreativer und produktiver. Dies muss man zusammen immer wieder hinterfragen und verbessern. Kommen dann neue Aufgaben auf das Team zu, soll sich dieses selbst organisieren, an die neuen Gegebenheiten adaptieren und so den optimalen Zustand erneut sicherstellen.

Kultur

Um sich als Topteam zu entfalten, ist ein angstfreier Raum notwendig, in dem das Team Lösungsansätze kreieren und diese auch ausprobieren darf. Dabei ist Fehlermachen ausdrücklich erwünscht und das Lernen daraus Programm – wie man es von agilen Vorgehensweisen her kennt. Diese Art der Zusammenarbeit braucht Spielregeln, die sicherstellen, dass sich jedes Teammitglied ohne Sanktionen ausleben kann. Außer der gelebten Fehlerkultur gehört zu jedem Topteam eine Feedbackkultur. Diese soll direkt in der Situation in der Gruppe angebracht werden. Dabei geht es nie darum, jemanden bloßzustellen, sondern darum, sofort und mit konkretem Bezug auf den betreffenden Sachverhalt Rückmeldung zu geben. So findet rasches und konkretes Lernen statt. Dank den im Projekt-Kick-off vereinbarten Spielregeln hat das nichts mit Unhöflichkeit zu tun, sondern es dient dem gemeinsamen Ziel (siehe Kap. Projektstart).

Fokus

Um als Team die anstehenden Aufgaben bestmöglich umsetzen zu können, braucht es einen Fokus. Fokus heißt, dass alle ihre Aufgabe genau kennen und sich zum Projektziel bekennen (Commitment). Dass sie sich diesem voll und ganz zuwenden und somit auch zeitlich voll und ganz an diesem einen Projekt arbeiten. Zu oft kommt es vor, dass von Mitarbeitern erwartet wird, dass sie sich zeitlich auf diverse Teilaufgaben aufteilen – das Resultat ist wohl den meisten bekannt.

Um diesen Fokus auch äußerlich zu unterstützen, hilft die Raumgestaltung. Hierbei sprechen wir nicht von Rutschbahnen und Gourmetküche, sondern davon, dass das ganze Team im selben Raum sitzt und so jederzeit eine optimale Kommunikation sichergestellt ist. In Zeiten moderner Kommunikationsmittel mag dies befremdlich anmuten, es hat aber klare Vorteile: Schlussendlich geht es darum, dass die Arbeit im Team fließen kann bzw. ein positiver „Flow" entsteht. Das heißt, alles geht Hand in Hand, Entscheidungen können direkt gefällt werden und alle bekommen automatisch die aktuellen Informationen ohne extra Sitzungen mit. Fokus heißt somit: ein Projekt, ein Team, ein Raum.

Software ist ein immaterielles Gut und die Produktivität bei der Erstellung von Programmen hängt wesentlich sowohl von den Fähigkeiten der einzelnen Entwickler als auch von der Teamleistung ab. Wähle also deine Teammitglieder bewusst aus und schaffe günstige Voraussetzungen, um ein Topteam zu formen.

Essenz

- Die Produktivität zweier Programmierer kann sich um den Faktor fünf bis zehn unterscheiden.
- Bei der Wahl der Mitarbeiter gilt: Kann er, will er, passt er? – Gefragt sind Fähigkeiten, intrinsische Motivation und Teamplayer-Eignung.
- Bei dem Formen zum Topteam geht es um ein optimales Zusammenspiel des Teams, eine Feedbackkultur und den Fokus auf das gemeinsame Ziel.
- Produktivität, Motivation und Kreativität im Team kann man nicht erzwingen, man kann lediglich die dafür notwendigen Voraussetzungen schaffen.
- „Ressourcen" sind Menschen und wollen auch so behandelt werden.

Stakeholder
STAKEHOLDER – DIE HEIMLICHE MACHT?

Das Ziel eines jeden Projektleiters ist es, den Projekterfolg optimal zu gewähr-leisten. Dazu richtet man den Blick gerne auf das korrekte Anwenden der Projektmanagementmethoden, wie z. B. Planung, Ressourcen, Prozesse oder Werkzeuge, und versucht sicherzustellen, dass diese immer ihren optimalen Beitrag zum Projektfortschritt leisten. Dabei wird der Blick auf die Menschen und ihre Interessen im Projektumfeld oft etwas vergessen. Das Projekt ist aber in ein Umfeld eingebettet, welches mit dem Projekt interagiert – ob man dies will oder nicht. Genau hier kommt das Stakeholder-Management ins Spiel.

Stakeholder sind Interessengruppen, welche das Projekt unterstützen und zu dessen Erfolg beitragen wollen – was gibt es da weiter zu verstehen? Nun, das mag in einer idealen Projektwelt so sein. Leider ist die Welt nicht ideal und einige der Stakeholder haben ihre eigenen Pläne. Daher ist es wichtig, dass du die Stakeholder klar identifizierst und ihre wahren Interessen frühzeitig kennst. Und ja, Stakeholder zu pflegen macht Arbeit. Und ja, du sollst, korrigiere, du musst dies tun!

Verbündete gewinnen

Gemäß der Norm [ISO 10006] sind Stakeholder eines Projektes alle Personen, die ein Interesse am Projekt haben oder von ihm in irgendeiner Weise betroffen sind. Man findet diese also mit dem Blick nach innen, z. B. das Team, das Management, welches das Projekt begleitet, oder die Support-Funktionen im Haus, die einen Beitrag zum Projekt leisten. Genauso findet man sie aber mit dem Blick nach außen, beispielsweise als Lieferanten, Kunden oder Behörden. All diese Parteien wirken bewusst oder unbewusst auf das Projekt ein und haben ihre *eigenen* Interessen!

Es ist wichtig, dass du dir von Projektbeginn an Gedanken über deine Stakeholder machst, diese identifizierst und einordnest: Wer hat welche Interessen, wer ist meinem Projekt gut gesinnt und wem könnte das Projekt eher ein Dorn im Auge sein?

Bei dieser Betrachtung fällt der Blick rasch auf die kritischen Stakeholder, die das Projekt gefährden oder gar zum Scheitern bringen können. Diese sind wichtig für dich, scheue dich daher nicht, den direkten Kontakt zu ihnen zu suchen, und ergründe deren Interessen. Oft findest du Ansätze, wie du mit wenig Aufwand den kritischen Stakeholder ein Zugeständnis machen kannst, ohne dein Projekt zu gefährden. Sei dir aber auch bewusst, dass man es nicht allen recht machen kann (muss) – und das ist völlig okay.

Natürlich ist es nicht in allen Fällen so einfach – hier können u. a. Verbündete helfen. Daher ist es bei der Identifikation der Stakeholder genauso wichtig zu prüfen, wer dem Projekt gut gesinnt und bereit ist, es in schwierigen Situationen zu unterstützen. Vielleicht kann so eine Person im richtigen Moment ein gewichtiges Wort für das Projekt einlegen oder einen kritisch gesinnten Stakeholder etwas besänftigen. Betreibe also bewusst Networking!

Hand in Hand mit der Identifikation der Stakeholder geht natürlich deren Analyse. Dafür gibt es eine klare Vorgehensweise und eine Vielzahl von grafischen Darstellungen. Wirklich wichtig ist aber, dass man einen Schritt auf die Leute zu macht, den Kontakt sucht und nicht am eigenen Schreibtisch verharrt.

Da sich die Interessen der Stakeholder im Verlaufe der Zeit wieder ändern können, solltest du dein Umfeld regelmäßig überprüfen.

Vertrauen aufbauen

Der Projektleiter hat also mit einer Vielzahl von Interessensgruppen zu tun. Dazu gehören auch schwierige Situationen und Gespräche, die es zu meistern gilt. Dies fällt leichter, je besser man sich kennt und je mehr man sich gegenseitig vertraut. Vertrauen dieser Art ist aber nicht per se vorhanden, sondern muss aufgebaut werden.

Typischerweise geschieht dies weniger unter Schönwetterbedingungen, sondern in schwierigen Situationen. Gerade in diesen Begegnungen gilt es, wann immer möglich, so zu kommunizieren, dass man jederzeit wieder aufeinander zugehen kann, sich als verlässlich erweist und so sein Vertrauenskonto erhöht (siehe Kap. Umgang mit Schwierigkeiten). Dies gilt speziell für den Projektleiter, der als Aushängeschild seines Projektes automatisch unter besonderer Beobachtung steht.

Der eigene Auftritt und die Verlässlichkeit sind also *wichtig*, denn Menschen, die partnerschaftlich, kompetent und vertrauensvoll mit einem umgehen, mit denen arbeitet man gerne zusammen – sei es als Mitarbeiter, Manager, Lieferant oder Kunde. Solche Menschen haben auch in schwierigen Situationen Kredit und werden entsprechend unterstützt. Genau das braucht es im Projektmanagement immer wieder. Daher ist Vertrauen die wahre Währung des Projektleiters!

Wie schätzt du deine Außenwirkung im Projekt ein? Frag doch mal dein Umfeld.

Positive Nachrichten senden

Als Projektleiter ist man zwangsläufig Vertreter und Botschafter seines Projektes, man wird entsprechend wahrgenommen und hinterlässt mit jedem Auftritt bei seinen Gegenüber Eindrücke. Diese Außenwirkung als Projektleiter ist aber nicht nur Bürde, sondern kann auch gezielt genutzt werden. Rückt man sein Projekt in den passenden Momenten ins richtige Licht und macht entsprechend Werbung dafür, erzeugt man im Projektumfeld automatisch Wohlwollen. Dieses Wohlwollen kommt dem Projekt in entscheidenden Momenten immer wieder zugute (siehe Kap. Projektstart). Betreibe also aktiv Projektmarketing!

Das Projekt wird von den Interessensgruppen im Umfeld beeinflusst, ob man will oder nicht. Daher ist es besser, sich ihrer anzunehmen Durch den aktiven und direkten Kontakt zu den Stakeholdern hast du die Chance, das eine oder andere zu deinen Gunsten positiv zu beeinflussen und die „Macht" der Stakeholder für dich zu nutzen!

Essenz

- Nimm dir Zeit, deine Stakeholder zu identifizieren und deren Interessen zu verstehen.
- Positiv gesinnte Stakeholder sind genau so wichtig wie die Kritiker.
- Gehe auf deine Stakeholder bewusst zu und betreibe Networking.
- Sei ein verlässlicher Partner und baue Vertrauen auf.
- Vertrauen ist die wahre Währung des Projektleiters.

Schwierigkeiten gehören zu einem Projekt wie Schatten zum Licht. Dies ist eine Tatsache und weiter nicht schlimm, sondern liegt in der Natur der Sache. Die Frage ist lediglich: Wie gehen wir damit um?

Umgang mit Schwierigkeiten

Wenn man ehrlich ist, spürt man frühzeitig, dass ein Problem am Entstehen ist, denn die meisten Schwierigkeiten kommen nicht über Nacht, sondern wachsen langsam heran. Leider neigen wir in solchen Situationen dazu, wegzuschauen und passiv zu bleiben, bis sich das Problem nicht mehr ignorieren lässt. Erst dann setzen wir uns notgedrungen damit auseinander. Weil dadurch der Handlungsspielraum laufend kleiner wird, ist dieses Verhalten für den Projekterfolg hinderlich. Daher ist es als Projektleiter wichtig, bei Schwierigkeiten frühzeitig hinzuschauen und rasch aktiv zu werden!

Noch interessanter ist es, wenn man versucht, möglichen Schwierigkeiten zuvorzukommen. Öffnet man den Blick bewusst für die in naher Zukunft anfallenden Aufgaben, lassen sich mögliche Schwierigkeiten oft bereits erahnen. Diese gilt es dann rasch zu identifizieren und aktiv anzugehen, sodass sie gar nicht erst auftreten. Vorausschauendes Handeln beugt Schwierigkeiten vor und schafft dadurch Freiräume.

Arten von Schwierigkeiten

Im Wesentlichen gibt es sachliche und zwischenmenschliche Schwierigkeiten. Beide sind für den Projekterfolg gleichermaßen wichtig und zu lösen. Sachliche Probleme sind größtenteils einfach zu lösen und folgen dem Muster: die richtigen Leute einladen, sich einen grundlegenden Überblick verschaffen, Lösung finden. Dagegen sind zwischenmenschliche Probleme oft schwieriger handzuhaben. Einfache Patentrezepte gibt es hier nicht, aber hilfreiche Ansätze. Aus Erfahrung lohnt es sich, rasch das Gespräch unter vier Augen zu suchen und das Problem direkt anzusprechen. Dabei gilt es Lösungen und nicht Schuldige zu suchen. Voraussetzung dafür ist gutes Zuhören und gegenseitiges Vertrauen.

Manchmal ist aber auch Führung erforderlich und es muss ein Zeichen gesetzt werden. Entscheidend dabei ist, dass immer die Sache im Vordergrund steht und die Würde aller Betroffenen gewahrt bleibt. Dazu gehört auch, dass die Türe nie vollständig geschlossen wird, sondern immer ein Stück weit offen bleibt. Dann ist man nicht selten überrascht, wie man trotz allem auf Verständnis stößt und zusammen weiterkommt.

Was heißt das für den Projektleiter?

Natürlich können schwierige Situationen im Projekt für den Projektleiter belastend sein, speziell wenn man keinen Lösungsansatz erkennt oder das Problem als erheblich einstuft. Besonders weniger erfahrene Projektleiter neigen dazu, alle Projektvorgaben möglichst perfekt und umfassend umsetzen zu wollen, dabei wäre es wichtig, priorisiert und effektiv zu handeln.

Für einen Projektleiter kann es in belastenden Situationen zudem hilfreich sein, geeignete Gesprächspartner um sich zu wissen. Je nach Anliegen können das sogar mehrere gleichzeitig sein (bspw. das Team, der Mentor oder der Co-Projektleiter). Einige der Schwierigkeiten lassen sich sehr gut im Team besprechen und lösen, das daran selbst wachsen und seinen Zusammenhalt ausbauen kann. Das Team ist aber nicht für jeden Problemkreis der optimale Gesprächspartner – für solche Anliegen ist ein Mentor oder Vorgesetzter wertvoller.

Eine weitere Möglichkeit ist die Doppelbesetzung der Projektleitung. Damit haben wir in großen Projekten sehr gute Erfahrungen gemacht, wobei sich die Projektleitung in einen kommerziellen Projektleiter nach außen (Kunde, Stakeholder, Verträge etc.) und einen technischen Projektleiter nach innen (Umsetzung des Projektes, Team, Sublieferanten etc.) aufteilen lässt.

Wie du siehst, lohnt es sich, gezielt geeignete Gesprächspartner in seinem Umfeld aufzubauen. Welche Gesprächspartner hast du für deine Projektanliegen?

Schwierigkeiten sind normaler Teil von Projekten. Wichtig ist, ihnen rasch und aktiv zu begegnen. Im Idealfall kannst du einige Schwierigkeiten sogar erahnen und vorwegnehmen. Auch zwischenmenschliche Probleme gehören zum Projektalltag und die gilt es ebenfalls zu lösen. Dabei kann es für dich hilfreich sein, gute Gesprächspartner zur Verfügung zu haben. Mit diesen Hilfestellungen erscheint die Frage „Schwierigkeiten im Projekt – und was jetzt?" hoffentlich in einem helleren Licht.

Essenz

- Schwierigkeiten gehören zum Projektgeschäft – das ist okay.
- Nicht weg-, sondern hinschauen und den Handlungsspielraum nutzen.
- Löse aufkommende Probleme *sofort* und nachhaltig, ganz im Sinne von „Just do it".
- Es gilt, Schwierigkeiten zu antizipieren *und* entsprechend zu handeln.
- Baue dir bewusst Gesprächspartner auf und suche gezielt Rat.

Schlusswort

Um die Essenz einer Sache zu erkennen, musst du sie zuerst verstehen oder, mit anderen Worten ausgedrückt: Du musst kapieren statt kopieren. Erfolg erfordert Leidenschaft.

„You have to fall in love with your work. Never complain about your job. Dedicate your life to mastering your skill. That's the secret of success and is the key to being regarded honorably." Jiro Ono, Sushi-Meister

Anhang

Literaturhinweise

Hier findest du interessante Bücher, welche wir referenziert haben. Vielleicht inspiriert dich das eine oder andere auch.

Software und Projektmanagement

[Bom08] Bommer, Ch., Spindler, M., Barr, V.: *Softwarewartung: Grundlagen, Management und Wartungstechniken*, dpunkt.verlag, 2008.
Softwareentwicklung wirklich verstehen heißt, den gesamten Lebenszyklus der Software zu betrachten – von der Erstentwicklung über die Weiterentwicklung bis zur Softwarewartung.

[Bro95] Brooks, F. P.: *The Mythical Man-Month. Essays on Software Engineering*, Addison-Wesley Longman, 1995.
Frederick Brooks gewährt dir einen tiefen Einblick in seine Erfahrungen im Projektmanagement von komplexen Softwareprojekten – erschreckend zeitlose Einsichten.

[DeMa14] DeMarco, T., Lister, T.: *Wien wartet auf Dich!: Produktive Projekte und Teams*, Carl Hanser Verlag GmbH, 2014.
Tom DeMarcos „Peopleware" ist ein Klassiker und ein Muss für jeden Projektleiter, der sich mit den zwischenmenschlichen Aufgaben seiner Tätigkeit befassen möchte.

Normen und Standards

[ISO10006] ISO 10006:2017: *Qualitätsmanagement – Leitfaden für Qualitätsmanagement in Projekten.*
Normen sind besser als ihr Ruf und definieren u. a. Begriffe sehr klar. Die ISO 10006 zeigt, wie Qualitätsaspekte in Projektmanagementprozesse übernommen werden können.

[ISO9126] ISO/IEC 9126-1:2001: *Software Engineering – Product Quality; Part 1: Quality Model.*
Die ISO 9126 stellt ein Modell dar, um Softwarequalität sicherzustellen. Dabei geht es nur um die Produkt- und nicht die Prozessqualität.

[TAM01] Beck, K. et al.: *Manifest für Agile Softwareentwicklung*, agilemanifesto.org, 2001.
Alle Welt spricht von der Agilen Softwareentwicklung und kaum jemand kennt deren Ursprung. Auf dieser Webseite findest du deren originale Werte und Prinzipien und ihre Gründerväter.

Business und Gesellschaft

[Doe14] Dobelli, R.: *Die Kunst des klugen Handelns: 52 Irrwege, die Sie besser anderen überlassen*, dtv Verlagsgesellschaft, 2014.
Rolf Dobelli zeigt in seinem Buch, wie man auf dem Weg vom Denken zum Handeln Fallstricke umgeht und aus den Fehlern anderer lernt – mit vielen interessanten Beispielen.

[GeD10] Gelb D.: *Jiro und das beste Sushi der Welt*, Koch Media, 2010.
Der Dokumentarfilm zeigt, wie der Sushi-Meister Jiro Ono mit Bescheidenheit, Disziplin, Hingabe und viel Liebe zur Arbeit perfekte Sushis kreiert und so zum Drei-Michelin-Sterne-Koch wurde.

Über die Autoren

Daniel Brönimann und Christoph Bommer verfügen beide über langjährige Erfahrung im Projektmanagement – hauptsächlich im Umfeld der Softwareentwicklung, aber auch im Anlagenbau. Dabei haben sie in vielen Projekten Höhen und Tiefen erlebt und verschiedene Methoden kennengelernt. Dabei stellte sich ihnen die Frage, die schlussendlich zu diesem Buch führte: Was macht ein Projekt eigentlich *wirklich* erfolgreich?

 **Daniel Brönimann** erwarb ein Diplom als Elektroingenieur an der Hochschule für Technik in Rapperswil. Er begann seine berufliche Laufbahn als Softwareentwicklungsingenieur und arbeitete später als Projektleiter bei verschiedensten Softwareprojekten. Dabei kamen sehr unterschiedliche Entwicklungsprozesse zum Einsatz: von schlanken agilen Projekten bis zu stark strukturierten Großprojekten im sicherheitsrelevanten Umfeld. Als Assessor und Certified Senior Project Manager nach IPMA Level B hat er seit vielen Jahren Einblick in die Projektmanagement-Praktiken unterschiedlichster Firmen. Heute ist er bei der Siemens Mobility AG als Abteilungsleiter in der Softwareentwicklung tätig und engagiert sich dort u. a. für die Einführung eines Lean Project Frameworks.

Daniel Brönimann kann direkt unter daniel.broenimann@pm-essenz.com erreicht werden.

Christoph Bommer ist bei der Siemens Mobility AG zuständig für das Engineering von Verkehrs- und Tunnelleittechnikprojekten. Er erwarb ein Diplom als Elektroingenieur an der Hochschule für Technik Rapperswil und begann seine berufliche Laufbahn als Softwareentwicklungsingenieur im Telekommunikationsumfeld. Später leitete er verschiedene Entwicklungsprojekte im internationalen Umfeld und führte Softwareentwicklungsabteilungen in der Telekommunikationsbranche wie auch in der Bahnleittechnik. In dieser Zeit befasste er sich intensiv mit der Verbesserung von Entwicklungsprozessen (CMMI).

Christoph Bommer kann direkt unter christoph.bommer@gmail.com erreicht werden.

Webseite zum Buch

Zum Schluss noch eine Bitte: Wenn dir dieses Buch gefallen hat, dann empfehle uns in deinem Netzwerk weiter: pmessenz.com. Danke!